冯骥才 —— 著

人类的敦煌

RENLEI
DE
DUNHUANG

敦煌文艺出版社
甘肃·兰州

图书在版编目（CIP）数据

人类的敦煌/冯骥才著. —— 兰州：敦煌文艺出版社，2025.7
ISBN 978-7-5468-2309-6

Ⅰ.①人… Ⅱ.①冯… Ⅲ.①敦煌学—研究 Ⅳ.
①K870.64

中国版本图书馆 CIP 数据核字 (2022) 第 250780 号

人类的敦煌

冯骥才 著

责任编辑：田 园 马吉庆
装帧设计：马吉庆

敦煌文艺出版社出版、发行
地址：（730030）兰州市城关区曹家巷 1 号新闻出版大厦
邮箱：dunhuangwenyi1958@126.com
0931-2131556（编辑部）
0931-2131387（发行部）

北京博海升彩色印刷有限公司印刷
开本 710 毫米×1000 毫米 1/16 印张 19 插页 4 字数 280 千
2025 年 7 月第 1 版 2025 年 7 月第 1 次印刷

ISBN 978-7-5468-2309-6
定价：88.00 元

如发现印装质量问题，影响阅读，请与出版社联系调换。
本书所有内容经作者同意授权，并许可使用。
未经同意，不得以任何形式复制转载。

关于敦煌的写作

（代序）

世界上有两种写作，一种是你要为它付出，为它呕心沥血，为它抽空了自己；另一种你却从写作中得到收获，你愈写愈充实，甚至会感到自己一时的博大与沉甸甸。这后一种感受分外强烈地体现在我关于敦煌的写作中。

20世纪90年代中期，应中央电视台之邀，写一部有关敦煌的史诗性巨片的文学本《人类的敦煌》。大约整整一年，我一边纵入茫茫的戈壁大漠，一边钻进中古时代浩繁的卷帙中。我如入迷途般地身陷在这无边无际的历史文化的空间里，到处是高山峻岭，需要攀登；到处烟雾弥漫，需要破解，而每迈出一步都如同进入一片崭新的天地。渐渐地，我从中整理出五条线索，即中古史、西北少数民族史、丝绸之路史、佛教东渐史和敦煌石窟艺术史。我用这五条史脉编织成这部作品的经纬。于是，这一写作使我的思维所向披靡，并认识到敦煌的人类意义与无上的价值。敦煌文化到底有多大多深，无人能答。反正那些把生命放在莫高窟里的一代代敦煌学者,倾尽终生,每个人最终不过仅仅完成了一小段路程而已。当然,这是一段黄金般的路程。

于是,在写作文本上,我选择了一种散文诗与警句相结合的写法。诗化的叙述便于抒发情感,警句可以提炼思想。电视片的文学本需要两个功能,一是启迪导演,二是具有解说词的性质。这种写法正好可以强化文学本所需要的两个功能。它还是一种升华,即思想与激情在艺术上的升华。这写法可以精辟地表述我的文化发现与文化思考,还有助于呈现迷人的历史气氛与艺术的精神。应该说,是我选择的写法使我在敦煌中恣意遨游——它使我情感澎湃,思维锐利,灵感闪烁,时有所悟,不断地把未知变为所获。因此我开头说,这是一种收获性的写作。

这部电视由于种种缘故,未能成为荧屏影像,我这文本却一再再版。我的一些朋友和读者因为它没有成为电视作品而抱憾,我却不以为然。以我与影视打交道的经验,文学变为电视,很可能会对原作发生"破坏"。文学是你想象的仙女,变为影视就像出嫁了。故此,当今天又一次再版这部作品时,我反而庆幸她仍然保持最初文字上那种美妙的想象。

收入本集的《探访榆林窟》,是我为敦煌研究院所写的另一部电视文学剧本。文本方式与《人类的敦煌》全然一致。现在与《人类的敦煌》一并出版,使得莫高榆林姐妹二窟,相映生辉,双花并蒂,是为完美,再加上著名的敦煌学者吴健先生美轮美奂的摄影作品,文图互补,更是锦上添花,但愿读者也有同感。倘真的有此同感,我则十分欣然。且为序。

2024 年 8 月

目录
Contents

3　　第一集　一个西方探险家的笔记

17　　第二集　乐傅的灵光

36　　第三集　羽人和天人共舞

55　　第四集　女性的菩萨

75　　第五集　阳关大道

91　　第六集　天国与人间

115　　第七集　共同的理想国

141　第八集　无名的大师们

165　第九集　时光倒流一千年

191　第十集　海浪与流沙的对话

223　第十一集　大漠上的孤坟

257　第十二集　永远的敦煌

283　外编　探访榆林窟

人类的敦煌

片头

在旷古空灵的音响中，依次出现如下画面——

古埃及的金字塔、狮身人面像、卢克索神庙、希腊阿波罗神殿、雅典卫城、罗马的科洛西姆斗兽场，随后是新巴比伦伊什塔尔城、美索不达米亚的吉库拉塔、波斯波利斯宫殿、印度桑奇大塔、中国的长城、兵马俑、故宫……

伴随画面和音响的述说：

在人类绚丽多姿、异彩纷呈的历史创造中，有四种文化范围最广、自成体系、光芒四射，它们是希腊文化、伊斯兰文化、印度文化和中国文化；而这四种文化曾经在一个地方迷人地交汇过，并被最灿烂地表现出来，这个地方就是中国的文化圣地——敦煌。

画面推出敦煌莫高窟的壮美景象。奏出鼓乐齐鸣的主题曲。

在一阵阵风沙掩过和一幅幅精美壁画的重现中，出现片头字幕。字幕衬底的黄沙，被风吹成不同的波浪状的图案。

第一集 一个西方探险家的笔记

一支蘸水钢笔用英文在硬皮本上快速写着。时而停下来，似在思考，然后蘸过墨水继续写。

顺序现出如下字幕：

(《中国沙漠上的废墟》又译《沙埋契丹废墟记》 作者〔英〕斯坦因)

1907年初春

寒风夹带着细沙在敦煌城镇空旷的街头吹荡——

敦煌以刺骨的寒风欢迎我们……

(以下凡此种楷体字，皆为英文字幕。这是斯坦因笔记的内容)

一个矮小结实的外国人和一位纤瘦的中国文人，在迷

三危山远眺

雾般的风沙中行走。外国人用手背揉着被沙土迷了的眼,那中国人则给烈风吹得背过身去。他们急切地向路人打听一位名叫王圆箓的道士。谁也不知道他们绝密的意图,更没人想到这意图给20世纪的考古和敦煌带来了一场灾难性的不幸。

在那十年里,荒凉绝望的中亚沙漠和戈壁滩上,开始出现西方人的身影。这中间有考古史上知名的瑞典人斯文·赫定、德国人艾伯特·范莱考克等。

然而,这里的人对于那些眼睛发亮、行为怪异的异国人并不敏感。道边放骆驼人的目光僵滞麻木。他们对与自己无关的事漠不关心。

文明的失落造成历史的断绝。

不是历史忘记了他们,而是他们忘记了历史。

他们不可能知道这满目黄沙下湮没着一座座昔日里繁华的古代城池。即令知道,也不会把它们和切身的温饱之需联系起来。就这样,先一步跨过现代文明社会门槛的西方人,便把这些被东方人自己早已遗忘的古代文明视为珍宝。大规模的考古发掘的热潮,从希腊、埃及、美索不达米亚、波斯、印度,并沿着丝绸古道穿过塔克拉玛干沙漠,深入到中国的文明腹地,直抵敦煌。

(关于庞培、特洛伊、图坦卡蒙、尼尼微等地的发掘照片和图像资料。斯坦因在和阗、叶城、昆仑山、米兰等地勘察地理与发掘古物的图片)

英籍匈牙利人斯坦因是最早一批来到敦煌的西方地理学家和考古学家。当他把地理学的角度和历史学的修养结合在一起时,就意识到——

接近亚洲东西方向那条最繁盛的古代大道,是联系拉萨、印度和蒙古、南西伯利亚那南北大道的交叉点。

中断的历史一定把无穷的宝藏忘记在这里了。

这个非凡的猜想,使他东进的步伐有点发狂了。

斯坦因从楼兰遗址启程,穿过冰冻的罗布泊,从荒凉的阳关进入了寂寥的敦煌。跟随者是一位雇佣的中文秘书和翻译蒋孝琬。他被斯坦因称作"忠实的伴侣"与"挚友"。

(同时出现蒋孝琬的历史照片,姓名字幕)

斯坦因原本的目标是考察汉代长城遗址,可是刚到达敦煌就从一个爱传播小道消息的穆斯林商人口中得知一个惊天动地的消息:在不远处的莫高窟的一间密室里,偶然发现一大堆秘藏的古代手稿!

关于这密室被发现的过程也染着传奇般的色彩——一个看守着莫高窟的道士王圆箓找来一位姓杨的先生在洞窟里抄写经书。杨先生常用芨芨草点烟,用过就插在身后的墙缝里,一次

英国考古学家斯坦因
(1862-1943)

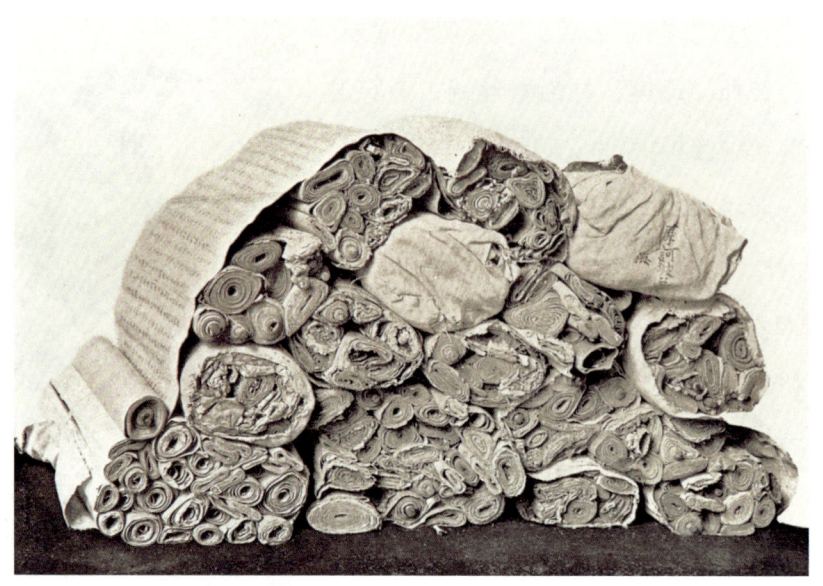

藏经洞中的敦煌文书

竟然意外地掉了进去,这才发现墙内是一间密室。墙外的壁画是不是一种伪装?于是墙被扒开,罕世珍宝重见天日了。

这一天是1900年5月26日,正是各国联军在天津租界与义和团激战。整个中国目光都在渤海湾,不会有任何人向这渺无人迹的荒漠与阴冷黝黑的洞窟望上一眼。

王道士曾经从中取出几卷文书送到敦煌知县汪宗瀚那里,请他鉴别,被著名金石学家叶昌炽看到了,震惊不已,立即建议甘肃省府,把莫高窟密室的文物运到兰州保管,由于缺乏运输经费,1904年3月,甘肃省藩台向敦煌知县汪宗瀚发出命令,清点文物,就地封存。

汪宗瀚并不懂得这稀世之宝的价值,未做清点,便草草用砖块木板封上了。

然而,自查封以来,这木板对于王道士来说就形同虚设。

(王道士钻入密室窃取文书经卷的画面)

斯坦因赶到莫高窟，不巧王道士化缘去了。

当他第一眼看到大漠上这数百个洞窟灿烂奇异的壁画，顿时惊呆了。

任何一个人初次接触莫高窟壁画，都会受到这样强烈的震动。艺术史家米尔德里德·凯布尔止不住心中的激动，赞美它是"沙漠中一个伟大的美术馆"！

这里的壁画——中国审美之强烈，印度河流域艺术精神之优雅，西域文明之绚烂雄健，兼而有之；比斯坦因先前在新疆看到的任何石窟艺术都更加壮丽与神奇了。

然而，对斯坦因更有吸引力的还是远远那间在三层楼阁下的藏宝的密室。从王道士居住的下寺的院中抬起头来，透过稀疏的树隙还能看见那紧锁的门。

（从下寺望第16号窟）

幸运的斯坦因从一个小和尚手里看到一件密室藏品。这是一件长达十五码的古代手稿长卷，极为精美，又保存得相当完好。这更坚定了斯坦因非要把他那顽强的脑袋伸进密室彻底看个清楚的决心。

他必须耐心等待王道士归来。在这段时间里，他正好可以进行原计划中的工作。沿着荒废了的汉长城的烽燧线，去翻检历史遗落在戈壁大漠上的一个个垃圾堆。

考古学把垃圾堆称作灰层或文化层。斯坦因是发掘灰层的行家。他几乎从每一个灰层里都找到了远在纪元初的珍贵文物。

但是这比起一个月后见到的莫高窟密室那批宝藏，却是天壤之别了。

王道士给斯坦因第一个印象是——

一个很古怪的人，十分胆小，偶尔带有狡诈的表示又绝非胆大……总之，他是一个很难对付的人。

这时斯坦因已经听说，甘肃省府衙门将这批古物就地封存，由这个王道士管理。对于他这个外国人，要想走进那间密室恐怕绝非易事了。

事情真的有些不大美妙。在斯坦因借口去附近一个寺窟拍照时——

我忍不住看一眼通向密室的那个洞门。我上次来的时候，密室狭窄的入口是用粗糙的木门锁着的，而现在令我沮丧的是已经完全用砖砌上了。

但是他很沉得住气，一切事情都由善于随机应变的蒋孝琬出面，去同王道士周旋，设法看到这批秘不示人的宝物。但是打起交道来确实很艰难……

斯坦因冷静地观察到，这位行伍出身的道士，居然节衣缩食，用个人节省以及行脚僧式苦苦化缘得来的钱，去清理堵塞

王圆箓(1849-1931)，原作元录，俗称王道士，湖北麻城人

石窟的流沙，开掘通道，还为信男信女们修复这些倾圮已久的求神拜佛的场所。尽管油红漆绿、涂金抹银、鄙俗不堪，他本人却充满一种宗教的异乎寻常的热诚与真诚的使命感。

蒋孝琬认为这个半文盲的道士是个无知之徒，只能用钱收买。斯坦因的感受却不同。他判定王道士是个——

一身兼有宗教的热情、愚昧的天真以及对自己的目标能够采用各种聪明手段并坚定不移的道人。

仅仅依靠钱是无济于事的。

当斯坦因得知王道士信奉不畏险阻、取来真经的唐僧玄奘时，他忽然像获得灵感那样，立即找到打开障碍的缺口。他向王道士表白——

我是怎样从印度追随着他（玄奘）的足迹，跋涉万里，越

过渺无人迹的高山与荒漠，访问了许多必须付出千辛万苦才能到达的玄奘朝拜过的寺院……

我本能地感觉到一种可依赖的关系在我们之间建立起来。

斯坦因的计谋发生效力。当晚，斯坦因扎营在寺外树林里，小帐篷的门帘突然掀开，蒋孝琬钻了进来。他满脸的喜悦便是一种胜利的喜讯；暖炉里炭火的光把他的脸颊照得明亮生辉；他弯腰从宽松的黑袍子里拿出一卷古老的中文经帙。这是王道士从密室里拿出来交给他的。

这些卷子古雅的形制和历经沧桑的气息十分迷人。

和那个石室一样幽闭禁守着的王道士，变得松动了。斯坦因感到他和那密室的距离已经大大缩短。

更加奇异莫解的事情出现了。蒋孝琬发现，王道士交给他的这个古老的卷子，竟是当年玄奘本人从印度带回来的佛经，而且是玄奘翻译的！

这种巧合只能被解释为一种天意。尽管这天意对于中国人来说是一种灾难。

斯坦因觉得他真的得到了神助。

王道士更是感到这是玄奘在天之灵的一种暗示。只能顺从而不能违抗。

很快，密室入口堵塞的砖块被拆除了。

对于斯坦因来说，这洞口通向天国。

斯坦因的脚终于踏入被封禁的藏宝的洞室。

当我看到渐渐显露出来的小洞时，眼睛都瞪大了。卷子一层层堆积起来……在王道士昏暗而微小的烛光里，它高足有10英尺，整个手稿近500立方英尺！

大约15年后，英国考古学家霍华德·卡特借着摇曳不定的灯光，注视着尼罗河畔国王古埃及法老图坦卡蒙那间幽深的墓室时，也是同样一种惊天动地的庄严景象，同样一种令人震悚的氛围，和同样一种目瞪口呆的神情。

王道士把一捆捆石室文献搬到另一间空屋里，斯坦因埋头研读，蒋孝琬做翻译和解释。

这些厚厚的经卷和文书，每十件被装在一个布袋子里。

它们被斯坦因打开时微微抖动，那是由于斯坦因难以遏制的激动。中古时代书写的手稿，历时遥远的历史文献、西亚和中亚各民族文字的文书、精美绝伦的绘画、雕刻和绣织品……一幅画在光滑细腻的丝绢上的佛像，几乎与人一般大小。考古学家们这样的奇遇，整个世纪也不会超过三次。

深夜里我听到细微的脚步声，那是蒋孝琬在侦察是否有人在我的帐篷周围活动。一会儿，他扛一大包回来了，里边装满我白天挑选出来的东西。

几年前他系统补充过的中国历史知识起了作用。他居然弄清楚这些卷子的年代是公元5世纪至10世纪！他惊呆了。每一页都是千年以上的文献！每一页都记载着令人耳目一新的历史！而这是浩瀚的如山的一堆啊！世界上哪里还能找到如此浩瀚和久远的文献？

就分量以及保存之完好而言，我以前所有的发现，无一能同此相比。

铀元素的发现者伦纳德·伍利爵士的评价则更富激情，他说："这是一个考古学家前所未有的大发现。"

在精明的考古学家、智谋的中文秘书和难于对付的道士之间，经过外交式的反复磋商，王道士获得一笔并不宽裕的用来

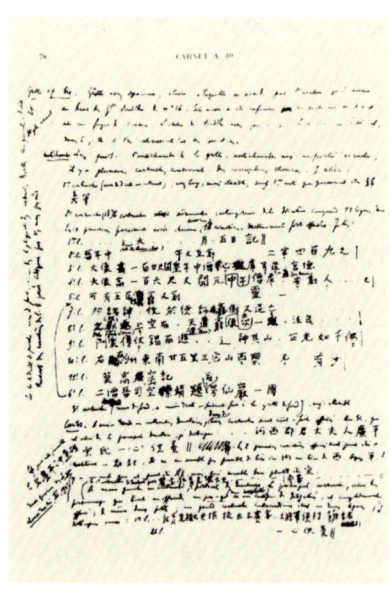

《伯希和敦煌石窟笔记》手稿

藏经洞第 16 窟甬道，右侧的洞口即为藏经洞

修复寺窟的捐助，只有 40 块马蹄银，相当于 200 两白银；他付给这位自许的玄奘的信徒却是无以估价的绝世珍宝，总共 12 箱，包括 7 箱手稿文献，还有 5 箱中古时代绘画和刺绣精品，大约 500 幅之巨。

斯坦因亲自并精心地打包。

1907 年 6 月 13 日，斯坦因的运输队启程。

然而，4 个月后的深夜，这支运输队的人员又潜回到莫高窟——

我没有犹豫，而是再鼓起劲儿来进行莫高窟秘藏物的工作。我们上一次的秘密没人知道，所以通过一个可信人与王道士联系之后立即得到了应允。为了避免人们的怀疑，我只得离开现场，委托我永远热心的秘书去完成……

一个寂静之夜，我的人又出现在寺院附近。230 捆手稿，是好心的道士被劝诱放弃的……

这一次没有斯坦因在场，是两个中国人合作完成的。

山谷寂静得有些紧张。宕泉的流水声遮掩了车轮和马蹄声响。

约十六个月后,当这所有装满手稿的箱子和包扎好的绘画放在伦敦博物馆时,我才真正宽慰地舒一口气。

一双有毛的大手从打开的箱子里,小心地取出一幅华美精绝的绢本绘画。

斯坦因走出莫高窟的密室之后,那已不再是密室。渐渐人们称它为藏经洞,而把藏经洞内的经卷文书,称作"敦煌遗书"。

第二个来到藏经洞的是法国人伯希和。他于1906年8月才到达西域(中国新疆),那时不少古迹早已留下西方探险家们的足迹。然而,他在这里所获得的惊人成功,连本国考古界也十分嫉妒。

他是个有超人秉赋的语言学家,精通13种语言;又是著名汉学家沙畹的门生,能说出一口流利的汉语。逞强好胜的性格与冒险精神,都是他从事考古这一行天生的资本。这位年仅27岁的年轻人,还有着和斯坦因同样的好运气。他在新疆吐土休克废墟里,偶然用马鞭杆掘一下地,居然掘出一个真正的希腊风格的小佛像。

(伯希和《吐木休克》中的图版)

凭着这样的本领和运气,当他听到敦煌发现藏经洞的消息,立即率领负责测绘的路易·瓦兰博士、摄影师查尔斯·努埃特一行三人远征队伍赶到敦煌,很快找到王道士,直截了当提出用一笔钱购买藏经洞的藏品。他熟练而漂亮的中国话把王道士迷住了。此外,由于那个矮小的斯坦因严守秘密,使王道士出卖经卷的事毫无败露,王道士对这些外国人有了信任感与好感。伯希和连一点麻烦也没碰到。

伯希和猫腰钻进了藏经洞。一瞬间的感受使他终生难忘。

他一个人借助灯光,翻阅了全部藏品,哪怕是一张残破的纸片。他以每天阅读一千卷的速度,整整用了三个星期,有条不紊地翻看了所有的写本与绘画。凭着他娴熟的中文、深厚的历史文化修养和敏锐的考古天赋,他从文献上的纪年和藏经洞石碑的年款上,发现这些宝藏的年代不会晚于北宋咸平

第一集　一个西方探险家的笔记

敦煌藏经洞出土千手千眼观音菩萨图

五年（1002年），这正是西夏称雄大西北的时代。他认为这是莫高窟的和尚们为了躲避西夏一次可怕的袭击，匆匆把这些文献藏在洞中，外边画上伪饰。这种推测使藏经洞文献更加神秘和珍奇了。他从中挑选了6000卷，所挑选的全是精品。那个捷足先登、不通中文、借助于秘书的斯坦因是无法与之相比的。

伯希和的助手瓦兰博士回忆当时的情况时说：

"他的外套里塞满了他喜欢的手稿，容光焕发，喜气洋洋。"

摄影师查尔斯·努埃特面对数百个石窟的壁画惊喜得发狂。他不停地拍照。

在连续地按下照相机快门的"咔嗒"声中，每一幅被实拍的彩色壁画，都变成历史的黑白照片。

查尔斯·努埃特来到藏经洞口，对着工作中的伯希和举起相机"咔嗒"一声，留下了《伯希和在藏经洞中》那帧著名的照片。还有藏经洞的壮观与历史的凄凉。

伯希和将他弄到的文献与画卷装满十大箱运走了，留给王道士的不过是500两白银。

王道士就用这些收入来修建寺窟。为了免于信男信女爬梯登窟之苦，他在石窟之间开凿了内廊式通道，许多美丽而珍奇的壁画因此被破坏了。他被文物界作为一个愚昧无知的"破坏性保护的"历史典型。

失去了的是灾难，换来的也是灾难。

王道士当时还以为自己功德圆满呢。

历史过去了。谁能说清这错误的过去，谁能挽回这过去的错误？

1914年，斯坦因再次来到莫高窟。他的中文秘书换了一位

斯坦因在敦煌一带盗掘文物

伯希和在烛光中挑选敦煌经卷

严肃而缺乏活力的姓李的师爷。他们在下寺找到了王道士。王道士表现得友好却又抱歉不已——

他的抱歉是由于害怕。他已经不能像1907年那样让我参观全部宝藏了。伯希和走后一年，北京下令交出剩余的东西。王道士和其他寺院没有得到一分钱的补偿，全在层层上交时被抢走了。

然而老练的斯坦因终于设法从王道士的嘴里得知另一个秘密——

当上交北京的命令下达时，王道士偷偷私藏一小部分作为纪念。这样，我从中又获得四大箱文书。当然我还是需要一阵讨价还价，尽管很不幸——没有蒋孝琬的帮助——最终我还是成功了……

斯坦因告别王道士，从丝绸之路北道的吐鲁番一路西行，伴随着不间断地发掘古物，不停歇地给他的骆驼增加负重。

斯坦因在剥落壁画。克孜尔千佛洞。

斯坦因把精美的壁画装入木箱。吐鲁番吐峪沟。

斯坦因从干尸上割取美丽的丝绸。阿斯塔那墓坟场。

穿过荒无人烟的沙漠，穿过空无一物的山谷，穿过死去的历史的寂寞，穿过肆虐的沙暴。1915年当斯坦因取道喀什走出中国时，45头重载骆驼满载着141箱中国古物，排成长长的一队。远看就像沙漠上的一列火车。其中一头骆驼，背上那四个古怪的大木箱装的就是敦煌文献。镜头推近木箱。

斯坦因由于这次发现行动，而在考古界名扬四海。

斯坦因被英国皇家地理学会授予"发现者金质勋章"，得到了牛津大学和剑桥大学的荣誉学位。

英国官方还授予斯坦因"印度帝国骑士"称号。

他穿着礼服，佩戴勋章和徽饰；

进入觐见厅后，走到女王对面鞠躬，随后右膝着地下跪；

女王以权杖触斯坦因的左胸，以示封爵；

斯坦因左臂平举，女王把手放在他腕上，接受他的吻手礼……

一切全都那么令人兴奋，我在皇家前厅里等待接见时，受到尊贵的接待，入目尽是华丽的服装……

(1910年7月10日斯坦因给艾伦的信)

《斯坦因：考古与探险》一书的作者珍妮特·米斯基说：

"他绝没想到，在敦煌千佛洞发现的宝藏，竟会把他带到皇家觐见厅，参加如此庄严崇高的仪式。"

在珍妮特·米斯基的话中，出现了斯坦因被邀请在欧洲各国演讲的画面。布达佩斯、维也纳、慕尼黑等等。

画面回到沙漠中的骆驼队。

驼背上那四个古怪的大木箱。

中国从此失去这些宝藏；

世界从此刮目相看敦煌。

镜头在古怪的大木箱上定格——

（本集终）

第二集 乐僔的灵光

一只手垂下来,从绝无人迹大漠的沙砾里,抠出一件小小的、湛绿色的古物。一枚汉五铢钱币。一种令人惊异莫解的感觉。

(字幕:阳关,古董滩)

在这里几乎随手可以捡到古陶片、古钱币、纺轮、箭镞、石器、车马饰,甚至更稀罕的遥远年代的遗物。尤其大风过后,这些古物会暴露出来。还有一处处清晰可见的千年以上的房基屋址……

先不要问这里曾是何地。走出这中古时代的西部边塞敦煌,到处可以看到倾圮的荒城,被黄沙红柳埋没的村落,以及几乎消失于地面的汉长城……

人
类
的
敦
煌

RENLEI DE DUNHUANG

克孜尔尕哈
烽火台日出

（锁阳城、石包城、大方盘城、古塞城、六工城、肖家故城、寿昌故城、汉长城等）

　　两千年前的烽燧墩，残破败落，却依旧一个个兀自耸立在大漠上。黑黑的历史阴影躺在它们的身旁。

　　那些用于燃放烽火的苣和积薪，历经十余个朝代，犹然完好地遗存。

　　然而，它们在防御谁呢？谁来侵犯？敌人又在哪里？

　　大漠无人，下无鼠兔，上无飞鸟，更无声音。渥洼地大片大片的水，美丽而寂寞。

　　这里一定有过兵家必争的险要，王权必夺的繁华。

（烽燧墩旁遗弃的大量箭镞）

　　没有人回答你，你陷入了又空又大的迷惑里。

　　一条长长的路出现了。它从天边而来，到天边而去。在这人迹罕至的戈壁滩上,哪来的这条路?无疑是久已废弃不用的古道。它又是来自哪里,通向哪里呢?

当地的人都会告诉你,它来自中原的长安与洛阳,从这里通过阳关和玉门关,分作南北两道,直入古称西域的新疆,沿着人烟绝迹的塔克拉玛干大沙漠南北边缘平行向西,越过葱岭,穿过中亚诸国、西亚的安息和两河流域,直抵地中海南岸的埃及和北岸的希腊与罗马。

(展示地图上的丝绸之路)

当今的人不可思议的事,古代的人却做到了。

它就是人类历史上最长的、最繁华的、贯通东西方的大道——丝绸之路。

音乐起,画面叠现:

驼铃、胡商、各国面孔的使者、风沙中用头巾罩面的僧侣;驼背上的石榴、葡萄、瓷器、琵琶、丝绸与佛像……在这条大道上川流不息。

德国地理学家李希霍芬称这条路为"丝绸之路",是因为丝绸是西方人接触到的第一件神奇并使他们迷醉的东方物品。

公元前48年的罗马,恺撒大帝在一次为他战胜庞培而祝捷的盛宴上,突然脱去外套,露出华美轻柔的丝绸长袍,使得所有人惊呆了。于是这种前所未见、光彩夺目的纺织品,一下子被贵族男女争相穿用,并蔚然成风。但这种由遥远国度进口来的衣料,价钱昂贵,使得罗马帝国流失大量资金。尽管元老院多次通过禁穿丝绸的法令,也无济于事。

令人心醉和发狂的挡不住的奢侈!

所以,古希腊人和古罗马人都称中国为"赛里丝",意思是产丝之地。《旧约全书》中的《以赛亚书》干脆称中国为"丝人"。对于把丝绸视作天堂服装的希腊罗马人来说,称中国人为"丝人",简直就是直呼为神。

可是他们谁也没见过远在天边的中国和中国人。

丝绸从中国到罗马不是直接运到的。中间数万里，征程漫漫，山水相隔，各地语言风俗互不相通，货物是通过途经国家的转手贸易，一站一站地向前慢吞吞地转送。价钱也就渐渐提高，到了罗马，便真的贵如黄金了！

驮运货物的骆驼，改换成驮运货物的白象，再换用马匹，又换上船只……

（莫高窟中相关的壁画）

另一方面，充当中间商人的塞人、帕尔特人，为了不失去利益巨大的丝绸转手贸易，也在极力设法阻挠中国与罗马直接接触。

为此在很长时间里，罗马人认为中国的丝绸是长在树上的；在中国人的书里，罗马人身材高大，五官端正，长得和自己很相像，所以称罗马为"大秦"；中国人甚至以为罗马人也善于种植桑树和养蚕。事实上直到 7 世纪，中国人制造丝绸的秘密才传到意大利南端的西西里。

狄奥尼索斯秘仪图 公元前 60 年，意大利庞贝古城

西方人太想知道丝绸是如何制造的了。所以一直流传着一个故事,说一位嫁到于阗的公主,偷偷把蚕放在自己的帽子里,躲过严格的检查。养蚕缫丝的秘密才被西方获知。

两个相互触摸不到的国家,只有用美丽的想象与彩色的神话去连接对方了。

（于阗出土的彩绘木板画《养蚕西渐传说图》）

光彩照人的丝绸和漫长艰辛的丝绸之路,则像神奇的带子,把它们牢牢地系在一起。

在公元前后,西方和东方,各有一次机会,可以相互邂逅。

对于西方,是公元前4世纪。马其顿帝国亚历山大东征时,曾经一直打到阿富汗阿姆河上游叶赫什河旁的霍闸,部将尼亚科斯和奥尼希克里特得到了一个极富诱惑力的信息,那便是再往东挺进,就要抵达产丝的"赛里丝"了。偏偏此时,亚历山大重病,这支东征的希腊军队只好掉头回去。错过了一次一睹中国真面目的良机。

对于东方,是公元97年。正值汉代强盛期的中国,已经很清楚那个地处辽远的西方国度"大秦",是最大的丝绸消费国。负责扼守西域的都护班超,派遣他的属员甘英出使"大秦",力图直接打通东西方的丝绸贸易。甘英千辛万苦到达波斯湾,想乘船渡海向西行进。但帕尔特人知道了他的意图。这些一直在做丝绸贸易的帕尔特人,便阻挠他渡海,对他说:"大海无边,渡海一次顺风要三个月,顶风要两年……"这些可怕的话把缺乏航海常识的甘英吓住了。

迟疑地站立在波斯湾滩头的甘英，哪里知道他距离罗马只有一步之遥了。如果他向前再跨一步，东西方一旦沟通，世界也许就会变成另一番样子。

东西方擦肩而过，丝绸之路却顽强地存在下来。前后竟相差1500年！

古代中国，东方与南方濒临大海，烟波浩渺，人们航船乏术，唯有望洋兴叹；北面为冰天雪地，人鸟绝迹，更难往来。西面虽是漠漠荒沙，去之遥远，然而总有零零星星的人或来或去，从这些几乎被晒枯了的人的口中，透露出隔过大沙漠那更远的西边的消息。那是一片诱发奇想的朦胧的世界；一片空旷的神秘；一片未知的文明。

在那个时代里，中国人对西方有着特别的兴趣。西天是神往之地、极乐世界和安魂的净土。

中国人一直想与西边打交道。

西边就是外部世界和另一种文明。

中国人从什么时候与葱岭以西那广阔的世界发生联系的？

丝绸的历史比希腊和罗马的历史早得多。5000年前，中国已经生产丝绸了。

（4000年前的甲骨文中的蚕、丝、桑、帛等文字；5000年前浙江吴江钱三漾出土的新石器时代文物中的绢片、丝带和丝线等）

在希腊罗马之前，与东方文明交往的西方民族是埃及。埃及文明的许多细节，都与中国惊人的相似乃至相同。这些过于遥远的历史早已失去记忆，究竟谁影响的谁，已经无从考证了。

（木乃伊头上的丝绸。人身兽面的形象。卍字。空筱。墓葬方式等）

人类最初的谜与最终的谜一样，都是永无答案的。

然而，从中国历史来看，在中西交流中，中国人一开始就是主动的。

不单是主动的输送，更是主动的索取。

东汉"制车轮画像石"（局部）

月黑风高的夜晚，一个矮短精瘦的窃贼钻进黑黝黝的墓室里，点燃竹片照明，他将珍宝塞入袋中，却把大量写满字迹的竹简丢弃在地。

（字幕：公元281年，河南汲县战国魏襄王墓）

这是中国历史上最早的盗墓案。

这个名叫不准的小贼，万万没有想到被他丢弃的足足装满十大车的竹简，其珍贵远非他盗走的那些宝物可比。竹简上记载着历史上第一位西行的国王——周穆王。

（画面：古籍《穆天子传》。字幕：周穆王，西周第五位国王。在位于公元前1001年—前947年）

装竹简的车轮变为周穆王驾乘的马车轮。

周穆王率七萃之士，驾八骏车，带着大量精美物品与丝绸，浩浩荡荡行进在高远浩瀚的西北高原上。

他自王都宗周出发，溯黄河而上，西进柴达木盆地，北登帕米尔高原，一路上受到当地住民与酋长的欢迎，得到闻名于天下的和田美玉，然后继续西行，过赤乌地（塔什库尔干）、玄池（伊塞克湖或阿姆河），终于来到西王母之邦。周穆王手执玄圭白璧，向西王母馈赠华丽丝绸，西王母则在瑶池设宴款待。两人饮酒酬酢，对酒当歌，互为唱答，表示敬慕之情。这大概是最早和最浪漫的中西文化交流了。

关于西王母之邦的传说，历来扑朔迷离，有人竟说她远在西亚的两河流域。

（山东嘉祥、滕县，四川郫县、成都、新都等画像砖中的西王母形象）

西王母是中国人向往的西方形象。

充满神话色彩的《穆天子传》，表达着中国人对西方美好和主动交流的愿望。

这愿望到了张骞出使西域的汉代，便被实现了。

丝绸之路在对西方的遐想里，不知不觉存在了一千多年。但是真正体现出中西交流的意义来，却始于公元前138年张骞出使西域。

公元前2世纪，强悍骁勇、善于骑射的匈奴人，在单于统帅下，击垮了生活在敦煌和祁连山一带的大月氏人。据说得胜的匈奴将士们，用大月氏王的头盖骨做饮酒的器具，叫人不寒而栗。他们称霸大西北，切断汉王朝与西方世界的联系，并凭仗着金戈铁马，时时侵扰中原。

（汉长城与大漠中直线升起的狼烟）

雄才大略的汉武帝为了安定边区和打开通往外部世界的道路，公开招募有志者出使西域，联合远在西域、与匈奴有世仇的大月氏，夹击匈奴。

一员非正式的小官吏应诏担此重任。他叫张骞，其人心高志远，渴望成就大事业。他明知出使西域必须要穿过匈奴的控制区，这就等于九死一生，但急于立功的张骞却毫不在乎。

公元前138年，张骞带领一个百人使团，其中有善射的胡人甘文做贴身随从，开始一次凶险莫测的西行。历史上称这次在文字记载的历史上前所未有的西行，叫作"凿空之行"。

然而，张骞真的遇到了不幸。虽然他的使团在通过匈奴控制的河西走廊时，非常小心翼翼，但还是被发现并遭到俘获。

他的使团中绝大多数人下落不明。只知道他在长达十余年的囚禁中，娶了胡女为妻，生了孩子，却不曾忘却身上的使命。一次寻机逃出来，依然西行去寻找大月氏。一路横穿西域，翻越葱岭（今帕米尔高原），经过大宛（今乌兹别克斯坦境内），终于在大夏国（今阿姆河一带）找到了大月氏人。然而他长期被囚，不知大月氏已经通过战争使大夏臣服。而且这一带土沃草丰，气候宜人，大月氏人再也无心东返，去与昔日的仇敌一拼死活。张骞在归国途中，又被机警的匈奴人捉住。等到他再次逃出，带着妻儿与随从甘文回到长安，已经是失却了13年漫长的生命岁月。

著名的张骞出使西域，是前后两次。两次使命内容相同，都是为了打击匈奴；不同的是，第二次是要与伊犁河流域的乌孙人结成联盟。

（字幕：张骞第二次出使西域时间为公元前119年—公元前115年）

张骞到达乌孙国，却赶上乌孙人发生内讧，这一次目的仍然没有达到。他却利用这个机会，与西域和中亚诸国广结友好，并建立了官方互通使节的关系。张骞为人精力旺盛，宽容大度，信任他人，故此所到之处，都受到喜爱与欢迎。他是中国历史上最富才华与魅力的外交家之一。

（莫高窟第323窟壁画《张骞出使西域》）

两次出使虽然没有达到最初目的，却获得了最好的结果。没有人比张骞更善于利用这两次机会。

汉王朝与西域的通好，不仅孤立了匈奴，而且建立了汉王朝与域外广泛的经济文化联系。张骞的西行，还获得了西域与中亚的社会、经济、风物、地理与交通的大量信息，为汉王朝对外交流贡献巨大，也对汉武帝开发大西北起到了重大作用。

公元前111年，汉武帝设置河西四郡。

（敦煌、酒泉、张掖和武威）

汉武帝还在河西走廊的咽喉要地敦煌，通往西域的南北两道的道口上，分设了阳关和玉门关。

（阳关和玉门关的景象）

中国通往西方世界的蓝图被规划出来了。

河西走廊和敦煌在中西交流中的重要性被分外鲜明地强调出来了。

河西四郡——尤其是敦煌，顿时成为中古时代最耀眼的"国际都会"。

大量的中国物品由此涌出。

（丝绸、铁器、玉器、漆器、青铜器等）

大量的中亚、西亚乃至欧洲物品由此涌入。

（蔬果、香料、织物、宝石、颜料、玻璃、动物、乐器、音乐、舞蹈、杂技、美术等）

往来的商旅与使团中，夹杂着佛教徒，无形之中又把公元前5世纪诞生于印度的佛教传播进来。

佛教大约自公元1世纪初传入中国。它一方面是经过西域的一些小国，一步一步传进来；另一方面则是由佛教徒们一下子带进内地和京都。

战乱与自危往往是佛教迅速衍传的大背景。现实的苦难愈多，心灵的渴望就愈强。佛教便成了魏晋以来多乱的中原和大西北的人们急需的心灵抚慰了。

佛国在西边。这就增加了西方的魅力。

佛在天上，所以在中国佛教中把西方多称作西天。

西天还是乐土。死了也要用"接引"的方式引渡到西方去。

西天似乎还可以提供对大千世界与生命本体之谜的真谛。

但是，最初翻译给中国人看的佛典却是似是而非的。最早的译者，既不是印度人，也不是中国人，而是丝绸之路上中介地区的大月氏人、安息人、康居人和于阗人。他们对汉语与梵语都是一知半解。哪怕是那两位专事翻译佛典的大师——来自安息的安世高和大月氏的支娄迦谶，所采用的翻译方式也是由一个人口述，一个人笔录，毫不精确。致使佛典的含义大大打了折扣。

中原高僧朱士行在洛阳为僧侣讲述大乘典籍《道行般若经》时，发现这个由天竺沙门竺佛朔口译的版本错误百出。佛经深刻的内涵完全没有翻译出来。于是他下决心要正本清源，到西域去求真经，哪怕毁身丧命，也要取来原本。

公元260年，朱士行率领众徒，由雍州启程，穿过漫长的河西走廊，经敦煌进入沙漠，靠着一双脚摸索着那条艰辛、陌生又荒凉的丝绸南道，最终到达佛教传入中国的第一站——古城于阗。

朱士行在于阗苦学佉卢文和于阗文，以便准确把握和深入研究此地广为流传的这两种文字的佛典译本，同时大量收集佛教典籍，并不断让他的弟子送回洛阳。

可靠的佛教真传便直抵中原。

在佛教东传的历史中，中国人由被动地接受"送"，到主动地去"取"，这便进入了交流的深层。朱士行的西行显示了中国人对外来文化的积极态度。

莫高窟第323窟张骞出使西域图（初唐）

他是中原第一位西行求学的学者。

然而，他一去就是30余年，从未归返。年至80高龄，最后死在遥远的于阗。他所付出的一切令后世推崇和敬仰不已。

紧随他的脚步，西行更远，行为更震撼人心的是西晋的高僧法显。

佛教的兴盛与社会的动荡成正比。灾难性的"八王之乱"与"五胡乱中原"是晋代佛教大兴的直接根由。西晋时代，单是洛阳的佛教庙宇就有43座，东晋时更是加倍发展。但是，佛教缺乏严格的规范与戒律，却成了发展中的隐患。佛经包括"经、律、论"三部分，名僧鸠摩罗什和道安也都感到律藏部分佛经的匮乏，是当时佛教面临的一大困扰。

高僧法显决心像当年的朱士行那样，亲自西行奔往佛国，去迎取律经。他要比朱士行走得更远。

他要到达佛国天竺（印度）。

公元399年，他开始了这次舍生忘死、惊心动魄的征程。此时他已65岁了。

四位同学慧景、慧应、慧达和道整与他同行。他们自长安出发，翻山越水，北至乾归国和耨檀国，横穿河西走廊时，又有几位打算西行的中原僧人智严、宝云、僧景等人加入进来，结伴同行。

一出敦煌西南的阳关，便进入使人谈而色变的大沙漠莫贺延碛，俗称白龙堆。

大漠自旷古以来一直在暴晒中，沙砾滚烫，汗水滴下去，立刻就没了。

没有生命，偶尔见到一株枯死的胡杨，至少已经死了一千年。

生命只有狂风。狂风是沙漠无形的君主。它一到来，天昏地暗，飞沙走石。一个沙包在大风中转瞬便换了位置。这些幽灵般移动的沙丘，会使人迷路致死。

茫茫沙海里，可以做路标的，唯有死人惨白的枯骨。这些枯骨在夜间闪着磷光，无声地诉说着可怕的过去和依然可怕的现在。

| 沙海中的骆驼

法显一行在这里行走17天,居然走了出来,抵达了罗布泊西南的鄯善国。然后沿着丝绸之路的北道经伊吾国与高昌国,本打算向西一直出西域,前往佛国。但是由于当地居民教义相歧,不供应水和食物,65岁高龄的法显便做出一个令人不敢置信的决定——横穿塔克拉玛干大沙漠!

塔克拉玛干沙漠是中国最大的沙漠。

(字幕:东西长1000公里,南北宽400公里,面积32.4万平方公里)

莫高窟第275窟北壁尸毗王本生(北凉)

上无飞鸟,下无草木,终年无雨,阳光像散布的大火,任何事物都被照得失去颜色。沙砾覆盖600米—800米。没有生命可以生长出来,只有生命在这里死去。没有声音,没有时间。一个令人绝望的地方。西方的探险家称之为"死亡之海"。

可是,过了一个月零五天之后,法显一行竟奇迹般地走出来了。他们到达了于阗。

他究竟是怎样经历这次匪夷所思的旅行的，无人能知。即便在他所著的《佛国记》中，也没有更具体的记载。但他是横穿塔克拉玛干沙漠的第一人。

今天，这"死亡之海"给人的恐惧，仍然和法显的时代一样。没有人的地方就没有历史。

于阗是朱士行西行的终点，却是法显奔往西天的起点。他灿烂的向往和清明的目标都在西方那无上神圣的佛国。

在充满西域色彩的奇峰峻岭、重峦深谷相互重叠的画面里，展现法显和他的同行者们的身影。辽阔浩瀚的大自然与微小而顽强的身躯形成强烈对比。

历尽千辛万苦，他们终于走出帕米尔高原，来到天竺的乌仗那国。

（释迦牟尼的佛迹圣地）

在天竺境内，他们不停顿地跋山涉水，历尽艰辛，四处礼谒圣迹；还致力于学习梵语，精研佛典。

经历了长途跋涉和过度的辛劳，这些身在异国他乡的僧人们发生了种种不幸与变故。慧景病在那竭国；慧应死在佛钵寺；而慧达与宝云、僧景又东归中土。

最凄凉的应该是慧景。公元 403 年，他们在翻越赛费德科山脉时，山高风寒，透衣彻骨，再加上空气稀薄，喘息艰难，久病初愈的慧景终难坚持，死在了山上，只能被草草掩埋在陌生的荒山野岭中。

法显等人掩面而泣。异国空山，寥无回响，万木肃穆，似作哀悼。为了追求真经，散形异域，真是无限的悲壮！

后来道整也东返归国，只剩下法显孤身一人巡礼四方。一次，他在狮子国（今斯里兰卡）的无畏山上拜谒佛像时，忽见一个商人拿出一把白绢扇子供养。这白绢扇子一望便知是中原之物，顿时热泪满面。心想同来僧人，有的中途归返，有的死在异国，自己孑然一身，如今求取真经的使命已经完成，

三危山下的月牙泉

夙愿已偿，应该回国了。

公元411年，他携带着从印度各地搜集的佛经原本，乘船归返，期间历尽风险，在海上辗转漂泊70多天，终于在山东牢山靠岸，此时已是皓发霜眉，一位78岁耄耋老者！

他终于把律藏佛经和佛国文化之精要亲自带回中土。

取经就是主动去吸取外部文化的精华。

由此，丝绸之路又成了一条向西天取经的路；一条自觉的文化交流的路。

就在这大背景下，地处丝绸之路咽喉的敦煌，不仅是外来贸易物品涌入中国的关口，也是中外文化交流的最前沿。

汉代以来，中国对于外来文明主动迎取的精神，决定了敦煌宽容博大、积极自信的态度。这是国际城市应有的胸襟与气质。

魏晋以来，敦煌本地文化兴荣，人才辈出。文人学者，不乏名家。

佛教史上早期的高僧竺法护和弟子竺法乘就是世居敦煌，立寺延学。敦煌还是我国最早的译经中心之一。此后，中原扰攘不堪，内地大批名士流寓于此。更加促进文化与佛教的昌盛，这就为下一步更加辉煌的弘扬做好铺垫。

在敦煌石窟诞生之前，这里早已是佛教文化的沃土。

茫茫大漠平如纸，谁来彩笔作画图？

公元366年，一位叫乐僔的行脚僧人，手拄锡杖，来到敦煌南面的鸣沙山。他被此地神奇的山水吸引住了。

（鸣沙山鸣响的沙，月牙泉千古不竭的水）

忽然，他见到眼前的三危山顶放射金光，宛如千佛降世。他相信这奇观是一种神示：这片灵山秀水必将是佛教的圣地。他便在对面的鸣沙山沿河的陡壁上开凿了第一个洞窟。

紧随着他开凿第二个洞窟的是僧人法良。

（李克让《重修莫高窟佛龛碑》，张议潮功德窟《莫高窟记》，徐松《西域水

| 莫高窟外景

道记》）

  莫高窟由此而诞生。这真是一片有灵气的山水，最早的洞窟一出现，立即就进入了蓬勃的开凿时代。

  在世人概念中的敦煌石窟，往往只是指莫高窟。实际上还有榆林窟、东千佛洞、西千佛洞和五个庙。它们散布在敦煌周边一些河岸的峭壁与峡谷中；就像春天的花树一样，到处开放了。

  （上述峡谷中的春色）

  石窟开凿出来。舞台被创造出来。来自中原和来自域外的两条文化大河便在这里汇合激涌。接下去就看大西北各族的画家和雕塑家们，演出怎样美妙绝伦的历史来了。

  在刚刚诞生的神奇的莫高窟奇异的景象中定格。

（本集终）

第二集　乐傅的灵光

第三集
羽人和天人共舞

　　在广袤坦荡的绿洲上，一大群形态奇美的野马纵蹄狂奔。野马的胸脯宽大，四腿极长，飘飞的鬃毛波浪般闪着光亮。各种各样的形象和局部的特写。一匹白马口衔一朵鲜红的花疾驰，显然它给无意中衔在唇间的红花弄惊了。

　　一个外国人举枪"砰"地一声打翻一匹马。惊散的马群和腾起的烟雾。

　　（字幕：1888年，新疆罗布泊，俄国人普尔热瓦尔斯基）

　　马的标本在俄国展出时，被命名为"普尔热瓦尔斯基马"。

　　这匹漂亮奇异的骏马强烈地撩起英国人利特尔夫妇的兴趣。他们在赤日灼热的茫茫大漠里，没有找到这种风驰

莫高窟第329窟西壁龛顶乘象入胎中的伎乐飞天（初唐）

电掣、来去无踪的野马，却被一个维吾尔族老人带进一处久已废弃的佛教石窟"一千间屋"去参观。他们哪里知道这里曾是古龟兹国的佛教圣地。

（字幕：拜城克孜尔尕哈千佛洞）

别有洞天的灿烂迷人的壁画。华美的色彩和神奇的形象。龟兹贵族供养人，印度式的菩萨，八王分舍利故事画，散花飞天，舞蹈飞天，弹琵琶飞天……在维吾尔人手举火把摇动的火光里，利特尔夫妇看到一个闻所未闻的世界。

然而，更令他们惊异的是：在中国荒凉的边地上，怎么会有如此鲜明的西方文化形象？

（鹰蛇族徽，忍冬卷草纹，与基督形象酷似的黑衣涅槃佛，等等）

没人能答。这段历史在当时还是一段浩阔无声的空白。

唯有空白才更加神秘并富于诱惑。

接踵而来的西方探险家们，在塔克拉玛干沙漠周边那些湮没千年的历史废墟里，挖掘出一个又一个使他们惊讶不已的具有西方特色的佛教艺术品。佛教东渐途经西域时的整个文化面貌，便被逐渐明朗化了。

当斯坦因从新疆若羌磨朗遗址挖掘出这个著名的壁画形

神兽与羽人画像石（汉代）
四川新津

象"有翼天使"后，一种从西方中心主义立场出发的"东方文化西来说"便成立了。

这一理论，把西亚赫梯文化的"带飞翼的公牛"、希腊萨摩色雷斯的"胜利女神"、希腊化印度佛教的乾闼婆与紧那罗，和中国新疆若羌出土的"有翼天使"贯穿起来，并解释为一脉相承。

然而，精通中国历史的中国学者们，则强调这种带翅膀的神仙本来就在中国土生土长。

（《山海经》中的句芒和禺疆形象）

早在印度佛教传入中国之前，中原大地上已经到处可以看到这种奇异的形象了。

（汉代画像石和画像砖上的羽人形象。武班祠羽人。洛阳石棺羽人。四川彭县日神和月神羽人。山东沂水韩家曲羽人等）

世界上古老的民族，大都有过这种在天上飞翔遨游的神仙。

远古的先人们对自己的生存环境充满担忧与畏惧，吉凶莫测，祸福难卜，一切只能听命于天。至于生活中那些果实丰腴、清泉甘露、冬暖夏凉，或者洪水肆虐、地冻三尺、禾木枯焦，全都根源于高深莫测的天上。那么主宰大地万物的神灵，一定在浩大辽远、幽冥复然的天宇间飘然存在。他们要么腾云驾雾，要么扇动翅膀。人类最初的生存方式和生存想象，总是极其相似的。对于这种带翅膀的神——

西方人称之为：天使。

天使是传达上帝旨意的美好使者。

（意大利，弗拉·安琪里谷《受胎告知》）

印度佛教称之为：天人。

天人是佛教中一切能飞的神灵。

（印度，阿旃陀石窟《飞天》）

中国人却称之为：羽人。

羽人是道教中引导人升天而长生不死的神。

（中国，北魏景明三年，麦积山115窟《羽人》）

那么，这有翼天使，到底是从爱琴海边飞来的天使，是从印度河流域飞来的天人，还是本来就在华夏天空上自由自在徜徉的羽人？

认识历史只能先回到历史。

一千年前，包括西域在内的中亚地区与今日全然不同。

它是各民族乃至东西方利益争夺和经贸往来的充满活力的区域。历史上赫赫有名的民族，在这里几乎都有过称雄的辉煌。

公元前53年，罗马军东征时，四万名擅长"方块阵"的罗马士兵，在叙利亚帕提亚意外遭到安息士兵的重创，统帅克拉苏战死。克拉苏的长子普布利乌斯率领数千人突围东逃，然而一逃过后便神秘地失踪了。这桩罗马史的"千古之谜"，在不久前被人们找到一些破解的线索。据说这支罗马军队向东奔逃，穿过中亚，竟然一直到达陌生的河西走廊的永昌境内；他们为什么不向西逃返回罗马，而向东跋涉了几万里？是因为迷了路，还是另有一种出奇军事打算？这就无从知晓了。一些考古学者已经找到了他们在永昌定居下来的足迹。时隔两千年，至今还能找到那种高鼻深目、棕发白肤的罗马人悠远的血缘吗？

（武威永昌的罗马古城遗址和永昌人的面孔）

它至少说明了当时的欧亚大陆是怎样的开通与缤纷！

在这种大背景下，文化构成了相互交流、相互影响、斑斓无穷的景象。天人就这样在印度诞生了。

佛教初期，人们不敢用有限的形体来表现佛陀的无限高大。只有想象中的形象才是无穷的。所以，他们用菩提树、塔、舍利和佛足印来象征佛的存在。

（印度桑奇大塔上关于菩提树、塔、舍利和佛足印的浮雕）

这种观念延续了数个世纪。希腊人改变了印度佛教这个传统。

这些希腊人是公元前4世纪亚历山大率领马其顿军队东征时留下的希腊后裔。他们居住在今天阿富汗北部的兴都库什山一带，国名大夏。公元前2世纪，他们侵入印度河西岸的犍陀罗，从而使犍陀罗成为佛教艺术的发源地。这些希腊人为了淡化与信奉佛教的原住民的矛盾，便用自己专长的雕塑技艺，为佛教树立偶像。他们用熟悉的太阳神阿波罗的仪容，给释迦牟尼造像；把天歌神乾闼婆和天乐神紧那罗，刻画得像一对带翅膀的希腊天使。

（印度阿旃陀石窟）

然而，这一胆大妄为的改造，居然被印度的佛教徒接受了。因为他们终于有形有色地看到了心中的天国。佛教艺术也就缘此而生。

这原由一半归功于希腊人的雕塑天才，一半根源于孔雀王朝的国王阿育王和贵霜王朝的国王迦腻色迦大力推广佛教；直观可视的佛，比起抽象难懂的佛经更为大众喜闻乐见。尤其是当时盛行起来的大乘佛教普度众生的主张，与这种通俗易懂的传播形式，取得了一致。因而人们把大乘佛教称为"像教"。

这样，当神佛们乘风驭云，越过顶着白雪的高高的葱岭的阻隔，向着辽阔的中华大地进发时，美丽迷人的佛教形象也越过佛经文字不通的障碍，便捷地为中国人的精神世界所拥抱。

最早出现在西域的佛教形象，带着明显的希腊化的印度特征。佛陀顶上的圆光，身披衣折厚重的袍子，自然卷曲的卷发，以及高高的鼻子和深陷的眼窝，这些都来自希腊。菩萨的丰乳、细腰和又圆又大的臀部又分明是印度模样。对于西域的人们，这些来自异域的天人，全都耳目一新，充满了魅力。

（犍陀罗雕塑的希腊化佛陀与龟兹石窟壁画中的印度式菩萨）

可是，只要当地的人动手去模仿，去制作，就必然会将自己的审美理想和本土文化融入进去。而外来的文化，只有像这样被当地的文化所参与，才能留下足迹。

（北道石窟的各种当地供养人形象。伯孜克里克千佛洞的"沙利家族人像""回鹘王像""龟兹供养人像"以及"供养礼佛图""田园牧牛图""彩绘地坪图案"等）

佛教艺术的中国化，实际是在它一进入中国就开始了。

佛教进入西域后，沿着一南一北两条丝绸之路向东传播，历史上叫作"佛教东传"。

（展示北道，高昌、焉耆、龟兹、疏勒；南道，米兰、若羌、尼雅、和田等地雄奇的风光）

北道以石窟寺为主，壁画在黑暗的洞窟里；南道基本上都是建筑在绿洲上的明屋式的寺院，壁画在明亮的寺庙里。历史学家们认为，北道人们生活在游牧状态中，与中原联系较多，故保持较强的汉风；南道的人们在一块块绿洲上从事农业，过着定居生活，与遥远的中原接触较少，反而更多域外的影响。

（南北两道不同风格的壁画）

但是，区别的方式不能说明一切。

从客观上看，无论是北道还是南道——整个西域——中外文化一直是相融相映，交叉并存。

北道上克孜尔千佛洞的"苦行者大迦叶"和"跪着的和尚"，

不俨然一个个基督的面孔吗？

南道上若羌出土的那幅"有翼天使"，所采用的画法不正是中国传统的铁丝描吗？

西域西端喀叶最先接触域外的三仙洞，岂不是十足的中原风格？

但是在与三仙洞同一经度的和田，一座东汉墓出土的缂毛织品的人头马，竟是古希腊的人头马腿怪涅索斯！

库木吐喇千佛洞窟顶的"供养菩萨像"，地地道道是一幅最具典型色彩的运用中国工笔画法绘制的域外佛国图！

中外文化交相辉映，同放光彩，显示了当时处在中国对外交流最前沿的西域所独有的开放精神；同时也造就了西域文化那种令人神往的独异又强烈的风格。那一种旷远的神奇，一种莫名的神秘，然而又有一种隐隐的熟稔和我们息息相通。西域风格是一种多种文化融合成的风格。因此东西方许多民族都会对它感到熟悉，同时也会感到陌生。可是，由于历史对它们的记载过于吝啬，时间的真空又太久太久，壁画上那些怪异的形象，那些消失已久的古国奇特的精神符号，恐怕永远无法破译了。

尽管如此，一千年过去，今天我们面对这些壁画时，仍然会感到当时对于外来事物的好奇与惊喜，炽热与主动，鲜活与激情，以及创造性的融合。使我们仍会深受感动！

倘若当时伫立在河西玉门关的城头，举首仰天，一定能看到佛国的天人们，启程于西天，鼓乐齐鸣，衣带飘举，扬手散花，香气四溢，越过昆仑山和大沙漠，在通透万里的碧天中，浩浩荡荡列队而来；而来自东边中原一方的本土诸神：伏羲女娲，雷公电母，仙女童子，方士羽人，也是脚踏彩云，骑鹤驾凤，翻过千山万水，款款而至。相逢在这西北大漠的上空。

这些本土诸神，对外来天人，不拒不斥，博大宽宏，相迎相邀，携手一同飞入敦煌的莫高窟。

麦积山第133窟11号龛龛楣影塑飞天（北魏）

一座洞窟的大门打开。现出清新华美、神佛共舞的洞天。

（字幕：敦煌莫高窟，第285号）

紧接着重叠出现下列壁画的图景：

（第249窟顶画。第296窟莲花飞天藻井。第305窟窟顶南披西王母。第268窟莲花平棋图案。第275窟交脚菩萨像……）

从十六国晚期的北凉到南北朝时代，是敦煌莫高窟的童年期。

（字幕：公元421年—公元581年）

莫高窟的童年生机勃勃，五彩缤纷。

有着深厚中原文化影响和底蕴的敦煌，在和外来文化碰撞时，呈现灿烂多姿和变幻无穷的景观。

从表面看，莫高窟最早的一些洞窟带着鲜明的外来印记。一种舶来的意味，一种西域气息，一种遥远的印度乡音。

（第254窟婆薮仙、萨埵本生。第257窟九色鹿本生。第263窟供养菩萨。第435窟菩萨像。第428窟人字披图案等）

最具代表性的是 254 窟这尊白衣佛，衣服和衣褶是标准的犍陀罗式样。粗壮的勾线，伴随着立体化的明暗晕染，构成坚实的形体。而更具典型的"天竺（印度）画法"，则是用白粉强调出鼻梁与眼珠，远看像一个白色的小字，俗称"小字脸"。

这个时期的佛陀，十有八九是这样端坐说法。

（第 272 窟、251 窟、264 窟等说法佛）

佛陀的神气往往木讷，菩萨飞动时显得笨重不堪，弄不清是他们对初来乍到的异地感到生疏，还是此地的人们对这些异国的天人缺乏亲切感？

陌生中存着神秘；距离中保持尊敬；苍茫高古，深邃沉静，这是北朝壁画至今犹存的魔力。

然而，北朝的洞窟并非印度与西域佛教艺术的复制。

当你定睛瞧去，一种清新的、温馨的、生机盈盈的气息从中泄露出来。

北朝洞窟中最流行的洞窟形式为中心塔柱式。在洞窟中心的方形柱的四面凿龛雕像，可供僧人和信徒们绕塔观像和供养礼拜。这本是源于印度支提窟，并形成于西域克孜尔的一种洞式。但是你现在抬起头看，瞧！前室的人字披，模仿木构房屋凿出了椽木斗拱，这种中原屋顶的形式，显然被莫高窟的民间艺术家们悄悄地融合进来了。

在这前壁的上方，还凿出透光的方形明窗。生活气息，人间气息，透入了佛的世界。

再瞧，这几个弥勒佛的阙形龛又是多么生动的中原样式！

（第 275 窟北壁中层和上层、254 窟南壁上部）

顺着这种思路，你还会发现本土文化愈来愈多地介入的内

观世音菩萨像・英国不列颠博物馆藏

克孜尔石窟壁画

容。由庭院屋顶到楼阁城池。

（第275窟南壁中层、第257窟南壁中层和西壁中层等）

特别值得注意的是这些刚刚到来的佛陀菩萨，暗暗地换上了中原丝质的薄衣。轻纱透体，软滑贴身，衣纹直接表达形态，连表现手法也是中原盛行的"曹衣出水"的技法。尤其是第259窟一尊禅定佛，结跏趺坐，身舒衣爽，中原式的阴刻衣纹畅如流水。佛的神情，平静虚淡，悠闲辽远，眼角与嘴角微微含笑，传达出一种慈爱与超然。这种佛的神情在印度与西域何曾见到过？

这个微笑，纯粹是最迷人的人间微笑。

（第259窟北壁东起第一龛）

一种东方才有的内向、隽永的含蓄美和深远的境界，一种"以形写神"的审美精神，隐隐地在佛国诞生了。

然而，更关键、更迷人、更深刻的文化融合，是中国本土的道教融入了佛教的天地中来。

一走进西魏时代的洞窟，好像出了什么事。

一切都变了。色彩，风格，精神，还是天空上翱翔的神。

（画面呈现：249窟窟顶的天穹）

你认出了佛国的阿修罗，捧摩尼珠的力士，种种菩萨与飞天；一定更熟悉中国本土的天上诸神，九天元女西王母，扶桑大帝东王公，乌获飞廉，雷公电母，伏羲女娲，青龙，白虎，朱雀，玄武，三皇，乘鸾仙女，羽人和持节的方士……

（随着一个个神佛形象的出现，打出神名的字幕。形象取自第249窟和285窟的窟顶）

这些中国本土的神仙，早在魏晋十六国时代，就被画工们画在了此地的墓室中。

（敦煌、酒泉、嘉峪关等地魏晋十六国墓室壁画中的有关形象）

令人惊讶的是，莫高窟第249窟几乎就是按照酒泉丁家闸的墓制仿造的。同样的覆斗顶，同样的神仙，同样漫天空游的景象。但不同的是，这里是由佛道共同演出一台天国的庄严与辉煌。

雷公旋臂擂响身边的大鼓，电母以铁砧砸石发出电光，飞廉与计蒙呼风唤雨。强光与巨响中，阿修罗顶天立地，手举日月。此为第249窟顶画披。

（叠现画面：第249窟顶东披、北披、南披；第285窟窟顶东披、西披、南披和北披。最后是窟顶藻井平棋中的莲花。一点点上升）

平棋是用平面绘画方式仿造阿富汗巴米扬石窟层层架构的窟顶。看上去有如渐渐升空之感。

你说，这留短发的裸体美女又是从哪儿飞来的？

（莫高窟第285窟裸体飞天）

展出第285窟阔大宏伟的佛天。在这同一洞窟中，西壁的壁画为西域风格，东、南、北壁的壁画为中原风格。中原的神与域外的佛同在一个天穹中，相呼相应，同歌同舞，分外迷人。

一阵烟雾渐渐遮掩了窟顶。

精神的融合，才是文化的最终的融合。

莫高窟第285
窟东披（西魏）

把一种外来文化消化到自己的文化肌体中，成为自己的一部分，这是中华文化博大恢宏和强劲深厚之所在。

佛教在这里，开始要换一种文化血型了。

时间的烟雾逐渐廓清，大批百姓被押送渡过黄河。

（字幕：公元439年，北魏灭北凉）

北魏入主中原之前，是彪悍的游牧民族，他们带着通过战争掳掠人口的习惯。北魏灭凉后，魏主拓跋焘从凉州强迫三万吏民和沙门到国都平城（今山西大同附近）。其中不少人是雕凿凉州一带石窟的工匠。大队人马涉河而过。背负锤子与凿子的匠人和粗糙的手。这些人迁到中原，自然把河西风格带到了中原石窟——大同云冈石窟中。

（在叮叮当当雕凿云冈绝壁上石窟的声音中，呈现云冈石窟南北朝时期的代表作）

可是，中原是中华文化的强劲的胃。任何文化一进入中原

莫高窟第249窟北壁伎乐（西魏）

腹地，都不可抗拒地加速了中国化的进程。

在中原，北魏孝文帝迁都洛阳改制后(494年)，博采南方文化，于是呈现出面目一新的景象。渐渐地，那种南朝士大夫崇尚饮酒、赋诗、清谈、学仙，宽衣大袖，以瘦为美，蔚成了一代时尚。它就像一阵春风那样，感染了处在勃发时期的佛教艺术。中原各地石窟很快出现了所谓"秀骨清像"的新艺术风格。新潮的南方的清灵洒脱，比起先前北方的沉雄凝重，占据了上风。

公元525年，东阳王元荣到敦煌出任瓜州刺史，带去了中原风尚，致使西魏时期(535年—542年)，莫高窟出现了一批新面孔的佛陀——他们都是身材修长，面形清瘦，细眼薄唇，瘦体宽衣，大冠高履，清虚明朗，通脱潇洒。菩萨们的服装换上褒衣博带；原先赤足惯了，此时穿上了笏头履。故事画中的

人类的敦煌 RENLEI DE DUNHUANG

行道天王图（唐）·英国不列颠博物馆藏

帝王、官吏，骑士常人，也都
是中原衣冠。同时，愈来愈多
的现实生活场景，被搬到壁画
上来。至于那些飞天，更是衣
薄带长，迎风飞舞，飘飘欲仙，
使人们一下子想到顾恺之的《洛
神赋图》。中原的衣冠文明，南
朝的名士风流，竟成了莫高窟
的时尚。当人们供奉这些新面
孔的佛陀时，不知不觉地感到，
他们与天竺的距离一点点远了，
而与中原的距离一点点近了。

（西魏塑像：第432窟菩萨、
282窟禅僧；西魏壁画：第285窟
北壁佛陀和菩萨、249窟窟顶南披
乘鸾仙人、288窟供养人等）

但莫高窟的风格并没有就
此驻足。只要丝绸之路商旅不
绝，中外开通，一切世风的嬗
变都在莫高窟里显现出来，并
带来一个又一个艺术风格的改
朝换代。

不久，北周武帝为了通好
西域，结姻北狄，聘娶突厥公主阿史那为皇后。随之西域的音乐、
舞蹈和美术，如潮滚滚，再一次通过河西涌入中原。于是一种"面

｜ 莫高窟第428窟降魔变（北周）

｜ 莫高窟第290窟中心柱南向龛外菩萨（北周）

莫高窟第285窟藻井（西魏）

短而艳"的佛陀，在河西与中原各窟同时问世。这种短脸短腿，鲜眉丽面的佛陀，又一次显露出西域风格的美妙。半裸的菩萨毫不在乎儒家和道家的观念，重新在洞窟中神气活现地露面。

同时，北周这种新型的佛陀，再次展示了西域画风的奇妙。头戴波斯冠的飞天，被凹凸法渲染得饱满滚圆，丰厚立体。至于那种"小字脸"的画法，刚刚被"秀骨清像"的中原风格所取代，此刻又重新归返佛陀的身上。但这一切都与北魏的西域风格大不相同了。

（北周窟：第297窟、290窟、428窟等）

北周画窟并存着两种风格。一是中原式，一是西域式。

中原式的佛陀清瘦，身着衣履，画面的装饰感强，格调潇洒清朗。

西域式的佛陀丰满，半裸身体，画面的立体感强，气氛庄重沉静。

当然西域又分做北魏的西域式和北周的新西域式。

云冈石窟

两种风格并存,是交流的美好结果,也是交流的奇妙形态。

当外来文化进入一个民族,并被这个民族所消化,它不是一个直线过程,也不会一次完成。它必然要经过反反复复的往还。

这"往还"离不开丝绸之路,中外交流的大背景,还有交流的力量与广度。

1996年山东青州考古的重大发现——龙兴寺石造像中,有一尊佛像的袈裟上,竟然画着波斯商人牵着骆驼。青州发掘的北齐墓主画像石上,也有相同的内容,甚至出现与当时的汉人洽谈生意的罗马商人的形象。东西方交流一直延伸到山东大地,可见丝路在当时中国的深入与贯通。

(青州市博物馆藏北齐《骆运图》《贸易洽谈图》。龙兴寺石造像)

文化在这条大道上更是通行无阻。

文化的相互碰撞与影响势所必然。

人类文化的进程,从来就是各个文化之间相互冲突、借用、营养而不断再造自己的过程。只有这样反复地往还才会呈现多彩多姿、纷呈不已、持续繁荣的一道道风景。敦煌艺术正是一

莫高窟第329窟西壁龛顶乘龙虎仙人（初唐）

直积极地接受外来文明，才使自己的生命史不断呈现奇迹。

从西域和中原，我们看到了人类文化往还不已和开阔宽广的脚步。

一种羽人与天人共舞的历史大融合已经形成。

一个佛教及其艺术中国化的大趋势已经确定不移。

莫高窟等待着隋唐时代更加绚丽多姿的高潮的到来。

（朦胧抽象和华丽流动的隋唐壁画）

（本集终）

第四集 女性的菩萨

　　头顶白雪的祁连山下，繁华盛茂的场面，中古时代的集市，各色奇装异服，各样诱惑人的物品。那些往来穿梭的人们，衣带华美，裹锦披绸，佩玉戴金；金玉相碰，清脆有声。伴同这画面的是河西鼓乐，兼有西域风情。

　　这是中国历史上最早的一次大规模国际交易会，堪称"万国博览会"。它不是在东南沿海——当时东南沿海还是荒芜和寂寞的不毛之地；这是开阔而畅达的河西走廊上的张掖。

　　（金张掖与银武威的风光。张掖在河西地图上的位置）

　　一辆龙车的巨轮缓缓滚动。华盖上的丝毯、流苏与飘带在风中飞动。随从者有百工与僧道。庞大的队伍在烟土

历经沧桑的西域古道

中展现出繁密而隆重的景象。

公元609年，隋炀帝发自长安，渡黄河，过星岭，越浩门川；当年六月，直抵甘州，亲自参加这次国际交易会。这在古代中国几乎是不能想象的事。

西域诸胡，迎候道旁；张掖仕女，盛装纵观，丝竹管弦，又歌又舞，在笔直的河西大道上，这夹道欢迎的队伍绵亘了数十里。

独异的细节点化出迷人的、富于历史魅力的画面。

为了这次交易会，隋炀帝做了周密布置。他先派遣吏部侍郎裴矩到河西招引胡商，联系西域诸国，并邀请高昌王麹伯雅、伊吾土屯设等各国君长赴会，届时与隋炀帝会见。隋炀帝还明令凉州人在交易会期间，必须车马鲜丽，衣饰一新，以迎宾客。交易会获得了空前的成功！西域27国派来代表,声势浩大，焚香奏乐，朝见炀帝。统一了中国的隋王朝真是强大无比！

隋炀帝与高昌王魏伯雅在陈设豪华的观风行殿（一种可以

拆装的活动宫殿）内放情畅饮。乐队演奏九部乐。

正是由于这次见面获得的好感，使得三年之后，隋炀帝把自己的女儿华容公主嫁给这位西域权贵。将公主远嫁给异邦君主，是那个时代与邻邦建立友好关系的最高明的外交手段。

（隋唐壁画中西域诸国的人物形象。莫高窟第417窟。金光明经变画似与炀帝西巡有关）

由此看来，隋炀帝与当年的周穆王西行截然不同。他不是发自梦想的浪漫之行，而是一次务实的经济行为。

隋文帝杨坚和隋炀帝杨广都是雄才大略的人物。他们都遵循汉武帝以来的富国之道——打通丝路、经营西域、加强中外交流、促进中原繁荣，作为他们坚定的国策。

他们成功了。于是空前强盛的中原的劲风向西吹去。沿着河西走廊一直吹入西域。自然也吹进了莫高窟。

莫高窟里悄悄发生变化。

然而这一次不是表面的和形式的，而是深层的、精神的、本质的。

后世的宗教史家和艺术史家，把这一改变视为一个伟大的历史创造，一个文化的质变，一个新时代的起飞。

一个个隋代典型的洞窟，一幅幅兴于隋的经变画，一张张女性化的菩萨的面孔……镜头停在莫高窟第416窟两幅龛内侧胁侍菩萨那张

莫高窟第420窟北壁胁侍菩萨

莫高窟第 419 窟西壁菩萨与迦叶（隋）

娴雅文静的脸上。

结束了 300 年分裂局面而统一天下的隋王朝，是个神奇的时代。它对佛教的迷信与虔敬令后世匪夷所思。

这大概与隋文帝神秘的身世有关。

隋文帝出生在一座尼庵里，由一位名叫智仙的尼姑抚养成人。他小名叫罗延，取意于金刚。他生下来所见的全是毕生敬奉的偶像。他的精神世界是在佛教的天地里构筑而成的。所以他事佛尤诚，笃信谶符。他做了皇帝后，更深信不疑"我的功业完全由于佛的保佑"。因而大写佛经，广造寺塔，还用行政手段推动这些佛事。甚至运送经像，还要军队保护。于是隋代佛教大兴。

推广宗教的最大的力量是政治。一个隋文帝，胜于一万个高僧来讲经传教。

然而，他痴迷于佛教之外，还是一个很明白的人。他对知己朋友、一代高僧灵藏律师说："我是俗人中的天子，你是出家人中的天子，你劝人行善，我劝人戒恶性，说法虽然有别，意义却相同。"这几句话，把佛教思想与国家政治结合起来。无意或有意地又把佛教工具化了。

（唐·阎立本《历代帝王图》中的隋文帝杨坚画像）

这样，首都长安既是国家中心，也是佛教中心。隋文帝将全国名僧召集到长安译经和讲学。通过辩论与判教，打破佛教内部的南北对峙，融合各派精义，并由佛教的智 创立了天台宗，使各教各派归于一尊。

（西安隋代寺庙大兴善寺、青龙寺等。天台山风光。天台山的天

莫高窟第407窟三兔藻井（隋）

台宗寺国清寺、高明寺、善兴寺、青觉寺、智者大师塔院等）

隋王朝的统一天下和佛教的南北归一，互为配合，相得益彰。佛法与皇权已经密不可分。

隋文帝美滋滋地被人称作"大行菩萨国王"，隋炀帝被人称作"主持菩萨"，连隋炀帝的母亲受戒后也被称为"妙善菩萨"。大臣们全都有种种佛号。宫廷里天天设坛讲经。雾烟缭绕，宛如寺庙，佛乐高鸣，永夜不绝。帝王后妃出巡在外，常有僧尼跟从，随时可开道场。文帝与律师灵藏还同榻同舆，议论国务。隋王朝成了地上的佛国。

在隋王朝短短的38年间，修建寺塔5000所，塑造佛像数万身，重修无计；专职的僧尼达50余万。单是隋炀帝个人所写的《法华经》就有1000部！

这强大的劲势，必然造成了隋代莫高窟的蔚然一新。30余年，隋代重修和开建的洞窟多达94个，几乎是乐僔开凿莫高窟200多年来总数的一倍！

然而，隋代洞窟的真正价值，并不表现在数量陡然增加和工程浩大方面。要看到它深层的意义，必须钻进洞窟去看——

自然，你发现了，那原有的清寂幽暗的气氛不见了，代之而来的是开阔温和，勃勃生机；塑像忽然变高变大，气势倍增；佛陀也不再是孤单单坐在那里，有的洞窟竟然拥挤着一群新面孔的塑像；墙壁上还出现了许多陌生、新颖、绘声绘色的画面，五彩缤纷地撩动人的眼帘；至于那些菩萨的面孔，你从中看出了什么？

在人类史上，有时社会离不开宗教背景，有时宗教离不开社会背景。隋代佛教的社会背景与此前的南北朝时代不同。南北朝多灾多难，生灵涂炭，人们内心愁苦难安。早期传入的小乘佛教中那种克制贪婪与欲望，以摆脱痛苦，达到解脱，十分契合人们的精神与心理。

（莫高窟北魏洞窟中的塑像与壁画。第259窟禅定佛。248窟苦修像等）

但是隋代就不同了。隋文帝杨坚统一中国，结束了南北朝的动荡离乱，将长江流域与黄河流域纽结在一起，形成空前丰饶富强的国家和社会。盛世之时，人们的要求愈来愈多。对佛的要求，便是由帮助他们解脱痛苦，更多地转变为保佑他们现实的要求得到满足。原先的解脱自我的小乘佛教便让位于普度众生的大乘佛教，而中国人向来注重现实要求。他们重于眼前的实际的"现世报"，轻于虚无缥缈的"来世的果报"；来世太遥远，太空茫，太没有把握；那种此生受苦愈多，来世必有善报的无从兑现的允诺，远远比不上立竿见影和有求必应。这便是大乘佛教在隋代中国开始盛行的社会背景与文化背景。

如果说佛教的推广是由于政治，那么大乘佛教的流行则由于现实。

于是，莫高窟中佛的手势便以施无畏印和与愿印为多。

（种种与愿印与施无畏印之佛像）

当现实的光芒一射入洞窟中的理想世界，连洞窟的形制也发生时代性的改变。

洞窟好像一下子变得宽阔豁朗了。你真的感到，进入另一个新时代。

隋代的洞窟集中在莫高窟正中一带的中上层，日光的脚步长足迈进去，前室尤为明亮。

老式的供绕行礼拜的中心塔柱开始消退。有的将中心柱改为中心佛坛，上面安置塑像，这样就没有中心柱来阻碍视线，窟顶画面也成为完整的整体，有如锦绣满天（莫高窟第305室）。有的甚至连中心佛坛也去掉，洞窟空间更加开阔，也就更适于大范围的讲经布道，于是满窟的画面都连成一片而愈加灿烂和壮观（莫高窟第480窟）。

随意的改造显示一种自信，也表明那种原有的外来文化的约束力失效了。

外来宗教的教义也在接受中国人新的阐释。

隋代洞窟中最常见的是覆斗顶窟。有的正面开龛，有的三面开龛，有的作马蹄形佛床，有的依壁造像，布局上花样翻新，表现出一种随心所欲的创造活力。

在这方面最具代表性的是把老式的四四方方的中心塔柱，改成一个圆锥形的七级倒塔，上边层层叠叠，双龙盘绕，象征着佛教传说中神奇瑰丽的须弥山。此时的佛教不是高高在上，不食人间烟火，可望而不及。它也梳妆打扮，吸引世人的注目和兴致了。在关照现实的同时，总是不知不觉地把自身融入了现实。

莫高窟第 220 窟南壁《无量寿经变》（初唐）

（莫高窟第 303 窟倒塔式中心柱）

洞中泥塑的佛像，也不再像先前那样孤单独坐，讲经说法，接受瞻拜。在南北朝时期常常站在龛外的胁侍菩萨，此刻走进了佛龛，站在佛的两旁。有的洞窟里，佛的两旁还站着大弟子迦叶，小弟子阿难，以及两位（观音菩萨和大势至菩萨）或四位菩萨。合起来已有 5 身或 7 身之多。隋代最大的洞窟（莫高窟 427 窟），佛陀与菩萨之外，还有天王力士与地鬼，塑像多达 28 身，声势赫赫地显示了佛国的浩瀚与雄厚。

佛国愈是博大，法力愈是无边，人们的欲求愈有可靠的保证。

镇妖伏魔的天王力士，巨大雄伟，前所未有，是隋代的创造。

（护世四天王：东方持国天王、南方增长天王、西方广目天王、北方多闻天王。两力士）

他们的出现不仅增添了洞窟的生动性，强化了佛国的威严，还体现了世人的愿望。

莫高窟第98窟穷子喻（五代）

小百姓的世俗向往，无非是富裕与平安。对神佛的要求，则是祈福与避邪。坐在龛内的佛陀的与愿印便是施予福分；那么站在窟中的足踏恶鬼的天王力士，则是为世人消灾免祸。

佛国一旦把人们的现实愿望纳入其中，佛教艺术便有了活力。

这活力也开始在四壁和窟顶跃动不已。

认真去看便会发现，以往壁画中来自印度的佛本生故事画和佛传故事画开始减少。那些发生在遥远异国的乘象入胎、夜半逾城、须达堃太子和萨埵太子的故事，那些饲虎贸鸽、舍身忘死而最后成佛的壮烈内容，对于富有起来的隋人已经减少了感召力。一种关照大众，面向大众，为了大众而用图画来解释佛经的焕然一新的经变画出现在莫高窟，它最先见于窟顶，随后在墙壁的次要位置上占一席之地，转眼之间便拥有了墙壁正面的黄金地位。

（最早的隋代经变画）

随着普度众生的大乘佛教的兴起，佛经需要加速广泛又流畅地普及。经变画应运而勃兴。

对于文字来说，图画形象、好看、易懂，是最好的大众文化形式。

我们已经无法知道经变画是谁第一个画出来的，但经变画纯粹是中国人的创造。它的出现加快了大乘佛教的推广。从形式和功能上讲，经变画是佛教中国化的主要方式之一。从佛教推广的意义上讲，佛教中国化也是佛教世俗化。

它从隋人手中一面世，便展示蓬勃生机。它没有固定模式，无从借鉴，故而创作自由，任凭想象。画工们很自然地把自己生活中熟稔的细节和形象，饶有兴趣地画在经变画中，以吸引信男信女来看。画面的感染力和说服力就同时增强起来了。

艺术随着它对于自我表现力要求的加强而走向成熟。这也在隋代洞窟中表现得十分明显。

（莫高窟第 301 窟牛车，第 302 窟屋宇，第 303 窟车马，第 417 窟庭院，第 62 窟山林等）

初创的隋代经变画，主要有《维摩变》《弥勒上生变》《药师变》《法华经变》《阿弥陀变》《涅槃变》等，共 39 幅。但仅仅《维摩变》就有 10 多幅之多。它在隋代佛教中为什么有如此重要的位置？

维摩诘的故事源于印度。他是一位在家修行的居士，精通佛法，在众菩萨之上。然而他有病，佛派十大弟子登门问疾，他竟然避而不见。舍利弗是弟子中的一流智者，也被维摩诘家

莫高窟第 244 窟北壁菩萨像（隋）

的宅神天女以智辩困住。最后，只能由"智慧最胜"的文殊菩萨前去，随后就由维摩诘和文殊展开一场溢彩流光的思想碰撞与才智激辩。隋代经变画把这一场面表现得浪漫神奇，闪烁着智慧光辉——或是维摩诘滔滔不绝地发难，文殊菩萨应对如流；或是文殊菩萨侃侃而谈，维摩诘从容辩答。这故事是说，佛教徒无论出家或在家，并无高下之分。

在隋文帝"盛弘一乘（大乘）"的号召下，这故事的意义就变得头等重要。它成了推广大乘极富魅力的依据。

（隋代《维摩变》，见于莫高窟第 262、276、277、314、380、417、419、420、423、473 窟）

有趣的是，维摩诘在印度原版故事中只是孑然一身的居士，但在汉译经文中却变成门阀时代一位有妻妾儿女、财富无量，并颇具修养的士人。连模样也全然变成地道的中国居士形象。这就满足了那些花钱请画工们来绘制壁画的富有的供养人的愿望：既追求未来的天堂生活，又不放弃身边的荣华与享乐。

莫高窟第420窟西壁北侧维摩诘变之维摩法（隋）

《维摩变》的热门，表明佛教已经与中国的文化精神和时代心理完全融为一体。只有这种深层的精神融合，才能说佛教已经中国化。

这个中国化，实际上是中国文化对佛教的一种同化。

如果说，印度佛教的传入，解放了在儒家思想下中国人的想象；

那么佛教的中国化，则是中国文化赋予外来宗教陌生躯壳一个生机无限的生命。

文化交流不是形式的互补，而是生命的碰撞。这一碰撞，一个生命转化为另一个生命，或者再造出一个新生命来。

在隋代画窟中，悄悄而深刻的变化，还发生在菩萨的身上。

菩萨是佛教中菩提萨埵的简称。他是释迦牟尼成佛之前修行的觉名，他的职能是自觉、觉他，教化和普济众生。原本他的意义与法力没有超出佛，因而在早期洞窟中他只是佛的陪衬。在大乘佛教兴起后，他那普济众生的职能变得至关重要，因而备受尊敬。神佛都是人造的，反过来为人解决问题。因此，随同人们无所不有的祈望而无所不在；他随同人们现实要求的无穷无尽而法力无边。由于适应人们的种种要求，菩萨的种类也愈来愈多。到了唐代，观世音成了菩萨中的主角，人间便成了"户户观世音"。

然而，第一个单独存在的观世音菩萨，诞生在莫高窟隋代的洞窟中。

尽管它有些孤单、怯生、不大自然，甚至还有一种失群的感觉。但菩萨作为一个单独的主体出现，也标志着中国佛教的起步。

外来佛教在中华文化沃土上生根、发芽、开花和结果，已然是中华的文化果实。

由于菩萨原本是释迦，形象便以悉达多王子为依据，应属男性。最早经西域传入的菩萨形象，一律是英俊轩昂，头束高冠，下着长裙，上身半裸，装饰着高贵的璎珞腕钏。因为菩萨最终要成佛，所以早期菩萨与佛陀相似，比如眉心都有白毫。

（北魏和西魏窟里的菩萨）

可是到了隋代，人们按照自己的向往与意愿来再造佛像时，就给这位菩萨换了面孔。一个更能体现济困扶危、悲天悯人、关怀众生的形象出现了。这面孔渐渐变得柔和安详，端丽沉静，仁爱善良，似含微笑。身体线条变得苗条、优美和飘然，同时衣裙也愈加华美漂亮。分明一副女人相了。

在中国人民心目中，女性善良、温柔、体贴、慈祥、宽许，富于爱心，这便是菩萨女性化的缘故。但这只是表面的缘故，深层的缘故还是佛教世俗化、现实化、时代化。

莫高窟第276窟南壁说法图局部·菩萨与迦叶（隋）

（隋代女性化菩萨塑像：第244、427、412、416、420、417（坐像）等；隋代女性化菩萨画像：第295（西壁北侧）、427（中心柱北向龛西侧）、420（西壁龛内北侧和西壁南侧）、394（西壁北侧）、390（北壁中央）等）

佛教中是不讲究性别的，所以画工们在菩萨的唇上和下巴添了三笔蝌蚪似的小胡子。用这个典型的男性符号来中和菩萨身上明显的女性特征。这样做，无非是想骗过主管佛事的人，得到认可。但实际上，这画上小胡子的女性菩萨与人间生活已经分外密切了。

中国人不是改变自己而去适应外部环境，而是改造外部环境来适应自己。这是五千年中华民族生生不息、持续不断的深在根由，也是对外来文化的同化力之所在。

女性菩萨就是中国化的菩萨。

就这样，中国化的菩萨——从形象到内涵被创造出来。

它是佛教中国化完成的象征。

（唇上画蝌蚪胡的菩萨像。塑像：第244、425、420窟等）

隋文帝在位时，曾召集全国画坛名家，荟萃长安，绘制寺庙壁画。应诏的有大名鼎鼎的展子虔和董伯仁，分别来自河北与江南。还有名极一时的郑法士、田僧亮、阎毗、杨契丹、杨子华以及西域于阗国的尉迟跋质那、跋魔、印度名家迦佛陀、昙魔拙义等等。隋文帝的意图很明白，他请中外四方高手各扬其长，画出前所未有的最杰出的佛教艺术品。

这实际上是一次切磋技艺、促进交流的国际性大笔会。其意义不亚于后来隋炀帝的凉州国际交易会。

杨契丹与田僧亮、郑法士同在光明寺内为一座小塔作壁画时，各画一壁，各尽其长。杨契丹用竹席遮掩，不让人看。郑法士偷偷从席缝往里瞧，不禁为杨契丹画艺之高超惊叹不已。他要求看杨契丹的画稿。杨契丹便引郑法士到朝堂，指着宫阙殿堂和车马人物说："这就是我的画稿！"这更使郑法士叹服。

隋代是中国绘画的勃兴期。社会昌盛，缤纷生活充满魅力，吸引画家去描绘。绘画的写实之风得到昌兴，写实技法及其表现力突飞猛进。同时，绘画理论也高度发展，确立了形神兼备的主张。隋文帝在这次长安"国际大笔会"上，要求画家们为佛造像要"雕刻灵相，图写真容"，也正是源于这一理论。灵即神，真即形。这便为佛教艺术的中国化注入了理论精髓。

长安是中原文化强有力的发射场。

莫高窟接受了进来。

壁画中人物已经合乎真人身体与头的比例——6.5∶1。

人物趋向活生生的真人了。莫测高深的秀骨清像消失了。有血有肉、神气活现的人物一个个站了出来。

（莫高窟281窟供养人、278窟弟子、276窟文殊、62窟供养人、390窟婆薮仙等）

这些人物可以视作早期中国佛教艺术形象的代表。

人物的逼真来自个性的真实表现。迦叶的老练与坚忍（塑像：第419窟。壁画：第278窟），阿难的聪明与恭顺（第427窟），佛陀的恬静悠远（第283窟、第412窟），菩萨的静如处子（第416窟），天王的威武豪壮（第427窟。天王力士的肌肉、手、脚的特写），地鬼的狰狞和痛苦（第427窟）；特别是对维摩诘的刻画（第276窟）典雅高逸、机智敏锐、洒脱从容，在数笔间一并呈现出来，从中可见隋代绘画与雕塑的写实技艺已臻很高境界。在绘画史上，隋代遗存可谓寥寥。其中可信的真迹，大概只有展子虔那幅标志着中国山水画成熟的《游春图》，人物画则荡然尽失。然而，隋代人物画的风貌、高超水准以及各种技法，却在这里丰富又完整地保存下来。真是中国艺术史之幸事！

（疏体和密体。各种人物面部晕染方法）

麦积山石窟127窟正壁龛内右侧 胁侍菩萨（西魏）

第四集 女性的菩萨

莫高窟第 17 窟藏经洞绢画托钵菩萨像·大英博物馆藏

这一时期,虽然还可以找到外来文化的新影响,特别是波斯文化,但终究中华文化的主体在隋代洞窟里已经形成。佛教成为中国的了。外来文化在源源不断进入洞窟的过程中,随时被融化掉。

(第 392 窟藻井、402 窟连环理斗虎纹、第 407 窟三兔追逐以及鸟身马首等)

在羽人与天人共舞的时代,东王公与西王母乘龙驾凤,车上华盖耸峙,车后旌旗翻飞,车旁海兽腾跃;持节仙人驭使青龙朱雀,引导在前。传统的神仙飞翔在佛天之上。

(莫高窟西魏 249 窟)

在隋代却全然不同了。满天是飘舞的飞天和翱翔的比丘。只留下一个羽人立在车前,来代替乘龙持节的仙人作为引导,而坐在车上的一男一女已改为佛教中的帝释天和帝释天妃。

(莫高窟第 305 窟)

这既不是外来的佛国,也不是中国的神仙硬闯进来的佛界,而是中外文化融为一体而新诞生出来的

莫高窟第419
窟阿难（隋）

第四集　女性的菩萨

中国人的佛天。

中国对外来文化的吸收力，就是对外来文化的伟大的改造力。

大业年间，日本在中国出现统一王朝而空前富足的刺激下，多次派遣使臣、学员和僧人到中国学习进步文化。大业四年（608年），日本圣德太子任命大和豪族世家子弟小野妹子为使臣，难波吉士雄成为翻译，带领玄理、僧人、请安、慧安等8人，作为学员和学问僧，乘船渡海，来到长安。这也是中日交往的最初时代的事。当时，隋炀帝命负有外交职能的鸿胪寺四方馆出面接待他们，并派悟真寺高僧净业入馆，教习他们佛教与文化。直到转年九月他们才学成回国。当时日本尚没有自己的文字，这一行人对于日本佛教乃至整个社会的文明进步都做出了非同寻常的贡献。从此，来中国学习佛教与取经的日本人络绎不绝。

（日本古都奈良与京都风光）

中国已成了日本人眼中的西天，也成了日本人眼中的佛国。

隋代莫高窟已显出如是气象。

繁盛浩大，明亮温和，气概非凡。

（隋代洞窟外景。第420窟《法华经变》、第419窟《弥勒上经变》、第302窟《福田经变》和第427窟明亮的前室内景。巨大的天王力士。女性的菩萨。单独的菩萨。第62窟持拂仙女）

隋代洞窟壁画变成柔软的彩绘大幕。忽然从中分开。

隋代是唐的序幕。大幕拉开是大唐。

壁画大幕缓缓拉开。

现出莫高窟第130窟南大像巨大的佛头。

（本集终）

第五集 阳关大道

荒漠的月光下，一双手捧着皮囊，从烽燧边的野塘取水。一只粗壮的手猛然将这取水的人擒住。皮囊缓缓坠地。烽燧内，灯光，僧人的背影，光线摇曳中戍边的将士。

公元627年（贞观元年），高僧玄奘发端于他奔赴西天取经之行。初唐时代的西北边陲，叛乱迭出，异族频扰，烽烟不绝（莫高窟第45窟胡商遇盗图）。地处丝绸咽喉的敦煌更是几易其主。朝廷明令百姓不准出蕃，所以玄奘一入河西，便不断遭遇阻拦。他只能日伏夜行，偷渡玉门关。但在他取水时，被守卒捉住了。然而玄奘以他的志向远大，坚毅赤诚，不畏生死，感动了烽燧校尉王祥，非但没有对他治罪，反倒赠送食物和水，指点他西去之路。

玄奘便只身纵入连鬼魂也会畏惧的死亡之海，开始他那漫长又艰辛的取经大业。

（可怖的莫贺延碛。高昌。葱岭。巴基斯坦与印度。《大唐西域记》。西安大雁塔内的《玄奘取经图》。兴教寺玄奘舍利塔）

在这壁画上出现的那个为玄奘保驾护行的猴子形象，说明远在《西游记》成书之前，就已经被人们口头创作出来。它表达人们对这位高僧的关切与敬仰，同时也体现了西行路上的坎坷多难。

（榆林窟第三窟普贤变上的《唐僧取经图》。《西游记》古本插图。丝路荒凉的景观）

玄奘在外19年。公元645年（贞观十九年），他取得真经归来，此时的大西北已改天换地，全然另一番面貌了。

玄奘当年出行，出玉门关，走丝路的北道；此时归返，取丝路之南道，进阳关。唐太宗李世民令敦煌吏民去阳关相迎。人们夹峙在城关两旁，对万里归来的玄奘一齐鞠躬行礼。

所谓阳关大道，其实本无道路，孤单单一堵城关，内外大漠浩荡无涯，车马寥寥，随意而行。然而此时玄奘看到的却是，中外商旅，往来不绝；各色珍奇，掠目而过；美艳胡姬、浪漫乐师、清雅画人，夹杂其间。长长的骆驼队看似无始无终。一种盛世之感被亮丽而清新地表现出来了。乐师们随手弹唱西域乐曲。

榆林窟第3窟玄奘取经（西夏）

唐代开国的两位皇帝李渊父子——史称李唐王朝，很善于从前朝的成败功过中吸取"前车之鉴"。尤其是这位光耀古今的唐太宗李世民，一边采取全面改革措施，均田勤农，轻役薄赋，广开言路，倡举廉政；一边像隋文帝和隋炀帝那样，把通往西方的丝绸之路看作富国之道。经过20年不间断的武力征讨，平定了河西一带的种种反叛，荡尽了西域诸国的种种干扰。到了玄奘归来的时期，交河道行军大总管侯君集刚刚征服高昌，设立安西都护府，丝绸之路的血脉已然运行舒畅。

公元647年（贞观二十一年），唐太宗把具有行政效力的都护府扩展到安西的于阗、龟兹、疏勒和碎叶四镇，并沿着丝路设立大批低一级的都督府，构成了庞大的权力网络。大唐的威力进入辽阔的中亚地区。这样，东起长安，穿过河西到西域，再到中亚，便连成一个融会贯通的经济环境。丝绸之路如同实现了它千古梦想那样，成为地球上一条贯穿欧亚的最长的"阳关大道"。大唐进入它黄金般的盛世。

（莫高窟第220窟"帝王图"。唐代在西域和中亚设置都护府地图。李渊和李世民父子画像。西安出土"牵骆驼俑"）

整个世界通过这条大路，开始享用到才智非凡的中国人所拥有的造纸术、养蚕术、金银器制造术、炼钢术、打井技术以及农耕经验。当中国洁白柔细的纸出现在地中海沿岸时，那里就不再使用粗糙原始的纸莎草纸了。

（埃及纸莎草纸）

就在中国人的发明创造和文化财富传播到世界各地的同时；域外文化，近及中西亚，远至欧、非洲，有如江河倒贯，直入中华。

榆林窟第220窟维摩经变局部·帝王图（初唐）

（陕西彬县的丝路古道）

在中国历史上，从来不曾像唐朝这样，融入如此巨大的外来文化。

（陕西博物馆藏牛首玛瑙杯。希腊铅币。罗马金币。波斯银币。波斯式舞马衔杯壶等）

对于唐代中国人的生活，发生全方面影响的是胡。

（永泰公主墓出土的"胡人俑头"）

胡，有别于华夏正统文化。它实际是一种外来的生活文化。从西域各少数民族，中西亚诸国，乃至欧洲和非洲，一切来自西方的人与文化，全在胡的概念范畴之内。在丝绸之路全线开通之际，这种一涌而入的奇风异俗、奇装异服、奇食异味、奇乐异舞，顿时使大唐的朝野上下为之着迷了。

盛世追求享乐，而最具新奇感和诱惑力的莫过于异国的事物与文化了。

这种被唐人称作胡的文化，便像风一样吹遍整个社会生活。

人们形象地称之曰胡风。

（陕西博物馆藏彩绘胡装俑。卷发俑。白瓷抱瓶俑。外国人陶俑。南京博物馆藏陶胡俑）

在长安城内，到处可以吃到胡饭与胡饼。饼是从西域传入的，大概如今中国人无人知道了。胡麻油的引进，带来了珍馐佳馔的花样翻新。中国人本来都是烹调的艺术师，在胡食刺激下，酒席饭宴更是繁花似锦。尚书韦巨源向唐中宗进献一顿奢华至极的"烧尾宴"。从菜单上开列的58种菜品小吃来看，一半以上掺入了胡味。至于又辣又香的胡椒，尤其使唐人兴奋，口胃大开。唐代宗时，宰相元载贪赃受贿，抄家时竟查出胡椒900石，这足以显示唐人对外来事物由衷的喜爱。

中国本是酒之国。然而区别于传统米酒的外来酒——高昌酿法的葡萄酒和波斯酿造的甜酒，使得唐人醒也美哉，醉也美哉，无论醉醒全是别样的滋味。唐太宗平定高昌时，宫中所饮庆功之酒，都是太宗李世民亲自监制的，看来酒也是外来的受宠。

（唐代酒具和酒坛）

美国人谢弗写了一本厚如砖块的书，叫作《唐代的外来文明》。书中把他所知道的涌入大唐的"舶来品"分类开列出来。从大象、狮子、土拨鼠、频迦鸟、孔雀、海豹皮，到菩提树、乌木、葡萄、石榴、苏合香、波斯树脂、毛毯、雌黄、孔雀石、玻璃、琥珀、灯树、盔甲、旅游书和地理书，日历和地图，足足有数百样。

（海兽葡萄镜。壁画上的频迦鸟、灯树、毯子等）

其实这位美国人所知甚微，他所述及，不过九牛一毛。单是来自西域的娱乐方式，比如马球、棋类、双陆、杂技、魔术等等，便不胜枚举，又都是大唐盛行的游戏。唐太宗、玄宗、熹宗，全是打马球的高手，而武则天和狄仁杰更善于在棋弈中表现非凡的智谋。至于来自"西凉伎"的舞狮，已经纯粹成了今天中国民间的"国粹"了！

（吐鲁番阿斯塔那墓室"下棋仕女壁画"）

大唐真是个尚胡的时代。大唐的开放，使自己的社会生活的每一个细节都像鲜花那样夺目地大放异彩。

在炫目的胡风中，最令唐人激动不已的是胡服、胡妆、胡乐和胡舞。

衣饰华美、讲究和标新立异是盛世之征象。在唐人服装中，以新奇而神气的胡服尤其受到宠爱。最流行的男子胡服，是一种窄袖长身袍和各色幞头、素皮靴子组成的新式样。窄袖来自西域和中亚；靴子则是北方牧民们的常服，这种新服式比起传统长袍大袖，无疑更精神和利索多了。

（西安出土"彩绘胡人骑马俑"。莫高窟第 390 窟供养人。第 45 窟普门品和故事画中的人物。第 217 窟观音普门品人物以及第 159 窟、85 窟、12 窟等故事画中人物，等等）

女子的服饰装束，向例比男子考究。

富足而尚美，女性妆扮更是异彩纷呈。

（新疆维吾尔自治区博物馆《屏风画残片》《舞乐屏风》，故宫博物馆《挥扇仕女图》等）

唐代女子大多是长裙遮足。发式与化妆就成首要的了。女子的发式有如男子的幞头，只是花样更加繁多。在奉为时尚的回鹘髻、百合髻、高髻、半韵髻、抛家髻、云堆髻、乌蛮髻、素缩乌云髻

唐三彩胡人塑像

等几十种发髻中，最喜闻乐见的便是由西域传来的堆髻。

（莫高窟第375、334、217、130、45、159、330、334、12等窟妇女各式发式）

发式仅仅是一种陪衬，女人美容的中心乃是能使容颜生辉的化妆术。无论开颜画眉、制蝉鬓、涂胭脂、抹铅粉，还是点唇脂、晕额黄、贴花钿、画花子，都有数不尽的妙法巧术。施用的材料，无奇不有，单是流行的口红，就有十多种。许多化妆技术和用品都是乘驭胡风而来的。这便使唐代女子更倾慕于穿过阳关那条神奇的路。

（莫高窟壁画中各种化了妆的女子的面部细节。西安出土的"彩绘女子俑"和"三彩女坐俑"等）

至于女子最时髦的服装，也像男子那样，是一种"窄衫小袖"。胡人穿窄衣，为了驰骑与行动的方便。但在唐人看来，这种款式却新颖爽利，健美俏皮，有种奇异的美（莫高窟第212窟供养人）；还有一种"圆领短袖"的女服，也是外来的流行服装（莫高窟第329窟供养人）。唐代女子喜欢上身穿各种外来的窄衫，下身穿各样材料与花饰的长裙；领口开得很低，衫内不穿内衣，露着雪白丰腴的酥胸，外披透明的纱巾，似遮未遮，颇含性感。唐代女子的开放意识，由此可见一斑。还有些女子，以穿丈夫靴表达昂扬之气概，那就非要一股勇气不可了。

新疆阿斯塔纳古墓群壁画
舞乐图侍女·新疆博物馆藏
（唐代）

阿斯塔纳187号墓弈棋仕女图（唐代）

（永泰公主墓壁画《宫女图》、章怀太子墓《观鸟捕蝉图》、周日方《簪花仕女图》、张萱《捣练图》、陕西省高平县李凤墓壁画等）

唐代初期，还时兴过一种幂䍠和帷帽。幂䍠是黑纱挡身遮面，帷帽又称面帽，是从帽檐垂落纱巾，很像中世纪欧洲女人的面纱。帷帽是西北吐谷浑人用来遮挡风沙的，唐初被引进，演变成这种优雅的流行帽。富人家的女子或宫中女子外出时，还用它来遮掩面孔。但到了盛唐，女人们急于抛头露面，展示自己的花容月貌，便把它抛置一旁，连宫女们出行也弃而不用了。

（莫高窟第217窟妇女，长者。第321窟骑马女子。陶骑马女俑，上海博物馆藏。辽宁省博物馆藏《虢国夫人游春图》）

大唐女子，崇尚健硕。她们身穿袒胸露臂的窄衫，在酒肆里豪饮放歌，用地道的西域乐器演奏龟兹乐或西凉乐，和胡姬们跳着疾如狂风的胡旋舞，骑着英俊的胡马招摇过市，甚至去和贵族少年们到马场一试身手。

（莫高窟壁画胡旋舞，章怀太子墓壁画《马球图》等）

这些受着胡风强烈影响的女子们，也和她们所效仿的胡女一样，能歌善舞，精骑善射，崇尚武学。李渊的女儿平阳公主曾组织一支"娘子军",标榜巾帼,助父杀敌;武则天14岁在宫中做才人时,就要用铁鞭去驯服一匹由西域进贡来的名唤"狮子聪"的性情暴烈的悍马。

(西安出土的胡姬俑)

在古代封建社会,女子威武,往往是国家强盛的标志;女子放达,常常是社会开明的征象。

有人一直弄不明白,大唐哪来的胆量,敢在大街上玩那种从罗马帝国传来的往赤裸身体泼水的"泼寒胡戏"?其实这期间半裸的飞天已经在莫高窟里满天飞舞了。

(莫高窟第57窟散花飞天。第321窟双飞天。第320窟华盖飞天。第158窟吹笛飞天。榆林窟第15窟伎乐飞天,等等)

到底是这狂放剽悍的胡风,助长了大唐盛世的气概;还是国富民强的时代,正需要这种外来的雄强奋昂、健康自由的异域文化?

从中使我们深深感动的,却是大唐对待外来文化的胸怀与魄力。

即使在今天,我们也很难想象唐代对外开放的程度。我们无法看到当年丝路上万国来朝进贡的盛大景象。但从莫高窟内这幅《说法图》——中国人形象的佛陀在讲经,各国王子在听经——就能感受到大唐的至尊与宽宏。一时,诸国王公贵族来朝做官者甚众。正月初一,向唐太宗贺岁的五品之上的胡人官员竟达一百人。不说古代,在当今这个号称开放的世界上,谁人能有此气魄与胸襟?

(莫高窟第220窟《药师净土变》)

唐代中国究竟有多少胡人?

《簪花仕女图》· 周昉（唐代）

公元631年（贞观五年），唐太宗攻破突厥后，曾安置一万家突厥贵族在长安定居。把敌俘安排在身边，这本身就需要非凡的胆识。如果按每户五至八人计算，单是长安的突厥人就有七八万之巨。而寓居长安的，还有中亚昭武九姓诸国人，东邻日本人、高丽人、契丹人，西域各族各国人，既有王公贵族，又有商人僧侣。西亚的波斯是沟通中西文化最活跃的国家。波斯王卑路斯被大食驱逐后，携子到长安定居。长安的西市有专门供应波斯食品的商店，可见长安的波斯人数量之多。

（唐阎立本《步辇图》《职贡图》。章怀太子墓《礼宾图》。莫高窟壁画中的各国各族人的形象。西安土门村出土之汉——巴利文碑等）

丝路开通后，大唐的高度文明与殷足的物质，吸引世界各地前来的商人、工匠、艺人和留学生日益增多。这些人无不以崇慕敬仰之情向往中华，以能到中国的名都长安、洛阳和扬州为荣。甚至还想死后"转生中国"。不说内地，单是敦煌一带落户的粟特商人就住满一个乡。而在大都市达官贵族家做仆人的"昆仑奴"，都是来自更遥远的非洲。据公元787年（贞元三年）的一次调查，当时在长安居住并拥有田产的外国人，总共 4000 户。由此推测长安城共有 10 多万外国人。按照当时长安居民人口总数 100 多万计算，至少十个人中有一个胡人，这是多么惊人的一个比例！

（西安出土黑人陶俑）

这样巨大数量的外国人居住国都，甚至入朝为官，唐王朝非但无忧无虑，从不感到威胁，反倒处之泰然。唐人到底是怎样一种心态？

（《长安城复原图》）

莫高窟这幅《维摩变》十分耐人寻味。在当时人们的印象里，模样像中国人的维摩诘被当作中原帝王；外来的菩萨文殊一直被当作西域的象征。有趣的是这幅画下方——在文殊一边听经的人，被故意画成中原君臣；在维摩诘一边听经的人却是金发碧眼的各国王子。这种交叉起来的表现可谓别具匠心。把本来带有对立意味的场面，画成一个和谐融洽的整体。

（莫高窟第 103 窟东壁南北侧"维摩经变"）

唐太宗李世民关于破除"贵中华、轻夷狄"的主张，特别是对各族各国"爱之如一"那个著名的口号，是大唐面对世界的一面恢宏大度的精神旗帜，一个敞开的胸怀。

就在这"爱之如一"的口号下，大唐对外来的一切几乎无所不包，从物质内容到文化习俗，从精神方式到宗教信仰，全部拿来，毫不介怀。不用的便置之一旁，有用的便据为己有。我们至今还能找到当时听凭景教、祆教、摩尼教、伊斯兰教传播的遗迹。而在宗教信仰上的宽许，才是胸襟博大的最大表现。带着不同习俗和信仰，同住长安，和睦相处，这是人

陕西乾县章怀太子墓墓壁画客使图（初唐）

类中古史的奇迹，也是大唐极盛的深在缘故。

（大秦景教流传中国碑。藏经洞经典。清真寺）

不同的精神文化相接，才能各放异彩。在唐代诗坛上，李白的长歌短句中总是洋溢着道家的精神；杜甫和白居易的韵脚则一直严谨遵循着儒家的规范；而王维崇佛，自号摩诘，笔下自然时出禅意。为此，唐代诗圣们的风格相互之间更是相去之千里，反过来又交映出大唐文学天空的一片璀璨光华。

唐高祖李渊和唐太宗李世民，本来不信奉佛教。他们把道教列为首位，儒家次之，佛教排在末位。但他们从来不排斥或贬损佛教，反而"情深护持"。已然中国化的佛教则凭借自身的精神魅力，像春草一般在广大民间生气勃勃地蔓延着。敦煌莫高窟在初唐时期，仍开凿出47个新窟。佛教艺术在初唐万物蓬勃的大背景下，也展露出面貌一新的时代景象。

（莫高窟初唐洞窟外观）

武则天具有划时代意义。

（武则天像）

她与隋文帝有两处相像。一是都在尼姑庵里生活过，二是都崇信又都利用佛教。但不同的是，武则天是在唐太宗去世后，也就是她26岁时，才入感业寺为尼。她不像隋文帝生在尼庵里，对佛教有一种与生俱来的虔信，因而她在利用佛教时更清醒和更聪明。

她在唐高宗故去第二年（689年），准备废黜唐中宗李显而自立为皇帝时，便动用了在民间深具影响的佛教为工具。授命洛阳白马寺和尚薛怀义和沙明等人伪造一部《大云经》，声称武则天就是未来佛弥勒佛转世，天经地义应为人间主宰。同年九月，武则天登基后，即刻下诏将《大云经》公布天下，并在各州建大云寺，佛教便从末位升为首位，并在政治的强刺激下急速发展，全国各地兴起雕塑弥勒佛的热潮。

（永靖炳灵寺171龛大佛，高28米；武威天梯山13窟大佛，高26米；甘谷大佛山大佛，高23.3米。山西五台山佛光寺。陕西扶风法门寺塔基地宫遗址。藏经洞文书《大云经疏》等）

薛怀义可谓一位最善逢迎帝王的和尚。公元695年（延载一年），他在洛阳功德堂建一尊高900尺的大佛，仅脚趾上可坐许多人。可能这尺寸的说法有些夸张，而且巨佛已佚，无以为据。但从四川乐山的嘉定大佛看，仍可以领略盛唐大佛无比庄严宏大的气魄。

（四川乐山大佛，脚上可站多人）

这样，在敦煌三危山叮叮当当的开凿声中，莫高窟历史的黄金时代已经到来。

与薛怀义在洛阳功德堂造大佛的同时，禅师灵隐与居士阴祖造了举世闻名的北大佛（莫高窟第96窟），显然也是及时配合中原朝政之作。这反映出此时敦煌与中原联系的紧密与通畅。

开元年间，僧人处谚等又造另一尊南大佛（莫高窟第130

莫高窟第96窟大佛（初唐）

窟）。这两尊善迦坐弥勒像分别高33米和26米。虽然历时千载，多次重修，仍不失其庄重沉稳、丰满健伟、元气充沛的盛唐精神，堪称东方最大的泥塑佛教精品！它究竟用了多少泥土，已经无法计算！据说当年仅造佛工匠一天吃盐就要两担，可见用工之巨！此非盛唐，不可为之。

如果说唐以前，外来文化从丝路是一点点进入，一点点消化；那么到了唐代，则是一股脑地涌入，大口大口吞咽，转瞬便幻化成一个博大雄浑的唐文化来。

文化交流的双方，不会一个消灭另一个，只会相互吸收、

龙门石窟　大卢舍那像龛　　　　　　　　　　　　　乐山大佛

充实和加强。那么，自信便是第一位的。交流基于自信，开放更要自信。一切魄力、胆识、勇气、襟怀以及阳刚之气，全源于自信。

（西安出土的无比精美的"菩萨残像""昭陵六骏""三彩天王像""武士残像"等）

大唐之所以在那个时代的世界唱主角。一方面它有主角的实力，另一方面它有主角所必需的自信心。

这样，它才能一边由玄奘到天竺去"拿"，一边由鉴真到日本去"送"，拿和送，都是文化交流。在这交流中，既用西方文化营养了自己，又用中华文化营养了日本。这便造成了当时世界的繁荣。一个多么优美迷人的历史文化的大动作啊！

（长安。京都与奈良的古城和古街的风景。唐招提寺和鉴真和尚干漆像）

旷朗的唐陵。乾陵前守陵的胡人王子使臣的六十一宾王石雕像。象征着胡人将领的神奇十足的顺陵走狮、乾陵翼马、桥陵驼鸟。苍古沉黯的桥陵华表。

华表既是装饰，也有纳谏之意。

这华表上方是具有波斯文化印痕的太阳，底座的莲花带着印度文化的影响，多棱的柱体明显富于两河流域的色彩，上面还雕刻着罗马式样的忍冬纹与卷草花纹。然而它是一件大唐风格的古物。它不是多种外来文化的拼凑，

莫高窟第220窟南壁西方净土变（初唐）

而是浑然一个再创造的有灵魂的艺术整体！

一千多年前的中国人就告诉我们，在面对外部世界的文化时，不要惧怕，不要担忧与过敏，不要犹豫不决。永远地把自信作为自己的重心，把魄力与胆识灌满全身，张开双臂去拥抱世界吧！

大唐施惠于世界，也受惠于天下。

（莫高窟第220窟和第45窟全景）

历史给这一真理最美丽而坚实的证据，还是在敦煌。

（本集终）

第六集 天国与人间

　　白云缥缈，山水虚幻，琼楼玉宇似隐似现，银样月光映照一霓裳仙子，款款起舞。在优美而略带忧伤的西凉乐的旋律里，羽人霓裳，旋转悠扬，纱巾帛带，飞雪流烟，人影似梦，轻盈飘忽。然而，瞬息间如有阵风吹来，云飞人去，天地空寥，曲转惆怅……这仙子演出的一幕，莫非是唐玄宗和杨贵妃日后爱情悲剧的一个先兆？

　　相传这大唐第一乐舞《霓裳羽衣舞》的舞曲是凉州节度使杨敬述献给唐玄宗的。

　　唐玄宗李隆基画一手好画，打一手漂亮的羯鼓，又深谙音律，在中国历史上是屈指可数的风流天子。

　　灵性的手指轻轻拨动琴弦。

莫高窟第112窟观无量寿经变（局部）·反弹琵琶（盛唐）

这《霓裳羽衣舞》的曲谱经过他的润色。

美妙的舞步做着种种试探。

聪慧善舞的杨贵妃来设计舞蹈动作，还亲自表演——

每每音乐起处，仙子应弦而动，婉约超逸，舒展大方，飘飘如仙，令人心醉。

这乐舞几乎成了盛唐的国舞！

大诗人白居易对这乐舞的赞美之情，在他的诗句中跳荡：

"我昔元和侍宪皇，曾陪内宴宴昭阳，

千舞万舞不可数，就中最爱霓裳舞！"

它叫人如此痴迷的缘故，大概因为在这乐舞特有的境界里，人间之爱与天国之美融为一体，切切难分。凡人神仙，既可相慕，亦可相恋，这正是极盛时代用艺术实现的人间梦想。

一幅金碧辉煌、繁华盛大的壁画展现在镜头前。这幅作于公元642年（贞观十六年）的《阿弥陀经变》，是莫高窟中规模最大、最具代表性的经变画杰作，也是唐人对幸福极致的想象。

（莫高窟第 220 窟《阿弥陀经变》）

画上碧波荡漾，莲花盛开，化身童子自花心生出。按照《阿弥陀经》的说法，人要摆脱生老病死之苦，经过修行，就能从这芬芳娇美的莲花心中生出，进入被称作"净土"的极乐世界。

这美丽的佛说，使我们对极乐净土充满向往。

净土是佛居的地方。阿弥陀佛居住的地方是净土中的净土。叫作"阿弥陀佛净土"也行，叫作"西方极乐世界"也行。

看吧，阿弥陀佛正结跏趺坐在中央的莲台上，双手做出正在说法的手势；观音和势至两位尊贵的菩萨胁侍左右。背后是经幢凌云，梵宫耸峙，花树成荫，祥云四起。神佛诸众，水榭回廊，讲坛精舍，珍禽异鸟，拥绕出一派繁华似锦的景象。所有地面都铺着金、银、琉璃、琥珀、玻璃、珍珠、玛瑙七种宝物；整个天空一碧万顷。众天神驾彩云而至，漫天撒下鲜花以示供养。各种乐器，高悬空中，无人弹奏，凭空自鸣。宝池前雕栏围绕的歌台上，乐伎们且歌且舞，尽情娱乐。乐队起劲地吹奏着妙曲，一对舞伎挥动长巾跳得正欢。于是一片歌舞升平景象，尽善尽美，毕现无遗。

在这极乐世界，又不仅仅是优美与快乐，而是人们所能想象到的一切美好的事物，这里齐备——众生都具有非凡的智慧与绝好的容貌；没有四时交替，温度永远宜人；所穿鲜衣华饰，所吃美味佳肴，一概能应念而生；最关键的是"无病无灾，无有烦恼，无有刀兵，无有奴婢，无有欺屈，无有王官，无有饥馑，更无别役"。

莫高窟第220窟
药师经变（盛唐）

与其说这是人们的天国梦想，不如说是现实梦想了。

于是，净土信仰成了中国佛教的主要内容。

人们更喜欢把想象中的理想国，变成看得见的理想国。

于是，在莫高窟的经变画中，以阐发和弘扬净土信仰的《阿弥陀经变》和《无量寿经变》最多。无量寿佛是阿弥陀佛的译名。仅盛唐的壁画，单是《阿弥陀经变》就有一百多幅！可见人们对佛国净土多么神往！

看似面对着佛国，其实是面对自己灿烂的理想。

艺术家们总是用生活中最迷人、最美丽、最诱人的事物，来编织自己的理想图画。

于是，种种由西方传入的事物，那些新奇的形象、夺目的片段、精彩的细节乃至图案的花纹，不仅进入唐人生活，也跑到这佛国中来。

孔雀和鹦鹉都是从西边飞来的。

装饰在房舍和地面上的玻璃、珊瑚、砗磲这些稀罕材料,也是先从西方进贡给大唐朝廷,然后再出现在这极乐的天地中。

在莫高窟早期壁画中,伎乐天们只是在墙壁上方不起眼的地方横作一排,吹吹打打。现在已组成一支规模不小的乐队了。

(莫高窟第251窟南壁上部、第435窟北壁上部等北魏天宫伎乐)

大唐是音乐的朝代。朝野上下都是乐迷。朝廷日日举办音乐会或歌舞会。帝后王侯,皆善乐舞。特别是伴随胡风入唐,诸国的奇曲异调,令人耳目一新。唐人对外来文化,只要喜欢,便伸手拿来,大包大揽。这就即刻把隋代的九部乐,重新修改,增入高昌乐,成为十部乐。大唐的十部乐为:燕乐、清乐、西凉乐、天竺乐、高丽乐、龟兹乐、疏勒乐、高昌乐、康国乐和安国乐。其中七部来自西域。这些别样的异域情调,尤使开放的唐人喜形于色。由于喜爱过甚,这些外来的也一概当作自己的了。

(莫高窟第220窟西方净土变。其他有关乐队的画面见于第320、321、148、201、112、159等窟。唐李寿墓石椁侍女图。龙门石窟万佛洞南壁下方伎乐天)

那个时代,音乐是靠着一场一场的实地演奏来传播的。随胡乐而来的,便是西域乐器的传入。大唐十部乐都以琵琶为主,琵琶就来自于胡。此外还有竖箜篌、横笛、筚篥、五弦、排箫、都昙鼓、羯鼓、毛员鼓、铜钹、贝等。其实,有些西域的乐曲与乐器,早些时候即已传入中原。曾经嫁给周武帝的突厥公主

莫高窟第130窟大佛（盛唐）

阿史那就是一位琵琶高手。但对中原形成巨大影响的时代还是在开放的大唐。此时，一些龟兹、康国、疏勒、于阗等地的著名乐人都活跃在长安，这些能吹奏出奇音妙曲的乐器很快便被聪颖好学的唐人所掌握了。

在这些把胡乐带给中华的乐人中，第一功臣是遍布长安的胡姬。

（西安出土彩绘胡装俑）

这些深目高鼻或金发碧眼的异国异族女人，来自辽阔的西域、中西亚和罗马帝国。她们多半在酒肆商邸中做歌手、舞女和侍者。个个能歌善舞，娇娆艳丽，美貌动人，给大唐生活增添几分浪漫。

李白的诗："五陵年少金市东，银鞍白马度春风，落花踏尽游何处？笑入胡姬酒肆中。"便是当时京都开放景象神气活现的写照了。

飞旋转动的裙子。昂扬跳跃的舞步。狂肆扭摆的双胯。胡乐胡调，清劲悠扬；阵阵花雨，落英缤纷。

更属于胡姬们专利的是胡舞。

大唐流行的软舞、拂林舞、柘枝舞、健舞、胡腾舞和胡旋舞都是外来舞。软舞来自西域，柔软如烟，杨贵妃的《霓裳羽衣舞》就吸收了软舞的神妙。石国都城的名舞柘枝舞是柔中带刚，而且很有刺激性，开始跳时，绣衣重重，但伴随着鼓点跳得愈来愈激烈时，便一件件脱去外衣，跳到最后竟成了半裸体，这是不是古代的一种脱衣舞？但谁也无法考证出它的由来。拂林舞相传是罗马拜占庭的舞蹈，然而一样是空有其名，久已失传了。

最令唐人陶醉的是，大食国的胡腾舞、海萨尔马堤的健舞、公孙大娘所跳的西域剑器浑脱舞和康国人拿手的胡旋舞。

这些来自西域和中西亚的舞蹈都属于阳刚性质的健舞。

身手矫健，高昂旷达，极其投合大唐盛世之精神。

大书法家张旭和怀素就是从剑器浑脱舞中获得启示，以潇洒刚劲的草书，一展大唐风采。

从舞台上旋转的舞裙转到佛国伎乐天的身上。

胡旋舞有时单人，有时成对，各站一块小圆毯上。跳起来便飞速旋转，转得几乎无法停下来，愈转愈快，衣飞带举，令人目眩，但舞者绝不能转出小圆毯子去。

白居易诗："胡旋女，胡旋女，心应弦，手应鼓。弦鼓一声双袖举，回雪飘摇转蓬舞。左旋右转不知疲，千匝万周无已时。人间物类无可比，奔车轮缓旋风迟。"

胡姬们的飞旋激发过多少唐代才子的诗情！然而，在这流电飞星般的疾旋里，除去迸发着的那种狂放的艺术情感之外，还有什么？

大唐的气势，时代沛然的元气，蓬勃不已的精力，自豪，骄傲，自信，难抑的激动，以及唯盛世才具备的一种巨大的社会活力——创造力。

大唐的创造从无禁忌。狂旋的胡姬与奇妙的胡乐竟成了佛国盛会中最精彩的节目。

这节目，不仅在《阿弥陀经变》和《无量寿经变》中，其他如《药师经变》（莫高窟第112窟），《报恩经变》（莫高窟第112、148、154窟），《金刚经变》（莫高窟第112窟），《金光明经变》（莫高窟第158窟）等，也全由这乐舞把佛天的境界渲染得至善至美。

奇怪，从来都是佛国胜于人间，怎么反而用人间的乐舞去美化佛国了？

在隋代，中国化的经变画崭露头角时，并没有乐舞助兴的场面（莫高窟第393窟《西方净土变》），显然那时胡姬和胡旋舞很少在中国人的生活中出现。到了初唐，这种在乐队伴奏下的胡旋舞便在壁画中的佛国登台了。开始时，还嫌生疏，吹奏者显得迟钝，舞者旋转也觉轻缓（莫高窟第220窟北壁《药师经变》。第220窟《舞乐图》。第217窟《观无量寿经变》之舞者）。

胡旋舞的转速好像与大唐的国势同步。

不久，乐队的吹奏变得和谐整齐，看上去明显在一个节拍上，充溢着生气；舞者们的转速也加快了，飘带与发辫随同飞旋，体内也好似蓄足了力量（莫高窟第159窟《观无量寿经变》），几乎每个手指和脚趾都带着神采（莫高窟第25窟南壁"舞乐"）……她们简直真的要像龙卷风一样飞旋起来了（莫高窟第148窟《观无量寿经变》）。

你是否能从中领略到最善胡旋的杨贵妃的风姿与速度？据说唐玄宗兴奋得把羯鼓都击破了。

反弹琵琶是敦煌舞伎中最优美的舞姿。

（莫高窟第112窟《观无量寿经变》）

它神奇又自然，劲健又舒展，迅疾又和谐。反弹琵琶，实际上是又奏乐又跳舞，把高超的弹奏技艺与绝妙的舞蹈本领，优雅迷人地集中在这个舞伎身上。

我们很难知道，当初是否真有这样一个善乐善舞、才华非凡的胡姬作为模特，还是画工们瑰奇的想象和杰出的创造呢？

不管怎样，反弹琵琶都是大唐文化的一个永恒的符号。

敦煌画工们的创造力令人钦佩不已。他们把身边的胡姬变成佛国中的伎乐天神。佛国从而注入了现实的生命与光彩，信徒们找到了佛国与自己的联系，从而感到一种不曾有过的亲切。

在唐代洞窟中明显发生变化的天神中，还有那些乘御祥云、悠然自得的飞天们。

这些飞天在印度佛教中属于"天龙八部"中的两部，叫作乾闼婆和紧那罗。紧那罗是一位天乐神，也是能歌善舞的天神；乾闼婆是一位天歌神，由于浑身散发香气，又叫作香音神。传说他们是一对形影不离的夫妻，永远在佛国的天空中自由飞翔，并载歌载舞，随手弹奏，娱乐于佛。这情景真是奇异又美妙。

莫高窟 112 窟反弹琵琶（局部）

所以壁画中到处有他们的身影。

他们最早由印度飞进莫高窟时，被画得笨拙僵硬，飞行时要用力挥动双臂（莫高窟第272窟北壁上层。第275窟北壁和北壁中层。第254窟北壁），而且多半待在窟顶平棋的岔角或说法图的上角（莫高窟第268窟平棋。第257窟窟顶。第251窟说法图、第260窟北壁前部说法图中）。此后渐渐飞出来在窟顶的天空中与中国的羽人天神漫天飞动（莫高窟第285窟窟顶北披）。直到隋代，才出现大批飞天结队飞行、绕窟一周的壮观场面（莫高窟第303第390窟）。隋代的飞天不仅用随风飘动的长带来表达飞天的轻盈，还用流动的云彩衬托飞天的动势。

大唐净土信仰的极乐世界，给飞天展开广阔空间。或飞升，或疾落，或环绕，或陡转，或飘浮，或自在地徜徉。有时成群而来，有时鱼贯而去。有时成双飞舞，相呼相应；有时单身翱翔，随心所欲。亦歌亦舞，信手散花。唐人在隋代飞天的基础上，着力于飘带与流云的无穷变化。有时，一条悠长的彩云表现了长长一段飞行的过程，真是美妙至极！这一切，都使得天空更加辽阔、神奇、祥瑞、纯净、自由，给西方净土加深了极乐的意味。

（莫高窟第329窟乐队飞天、第329窟莲花藻井飞天、第148窟六臂飞天、第44窟龛内飞天、第320窟华盖飞天、第158窟西壁飞天、第85窟乐队飞天、第161窟乐队飞天，榆林窟第15窟伎乐飞天、献花飞天和击鼓飞天等）

极乐，既然是活人对死后的愿望，那就离不开活人的现实欲求。当画工们把生活中的山水风光、舞榭歌台、胡乐胡姬、流行乐器改头换面，和佛天诸神混合一起，理想与现实，生与

莫高窟第290窟东壁伎乐飞天（盛唐）

死，彼世与此世，天国与人间就变得密不可分了。

在这里，现实被理想化，理想也被现实化。

人们便把现实中难以满足的那一部分愿望，画在这里，慰藉自己，补偿自己，平息自己，达到宗教使心灵获得宁静的意义。

树隙中耸立的莫高窟。涓涓流淌的宕泉。飞鸟。三危山以及鸣沙山和月牙泉富于神秘色彩和空远意味。

唐代以前，宕泉水势疾猛，洞窟多在中上层。到了唐代，中上层崖壁已然布满洞窟，没有空间，这时富于灵性的宕泉好似会意，水量忽然变小。人们开始在下层开凿。

唐代的洞窟，无须细讲，一望即知。传统的中心柱式很少见到，侧墙壁上那些专供沙门苦修的禅洞不见了。完整而宽展的墙壁上，正好可以画巨幅图画，以适应唐人心境博大之所需。一种结构繁复、规模宏大、形象精密的经变画，得以尽情施展。众多泥塑的神佛也有了宽绰的安身之处。故而，一入唐窟，压倒的气势，华美的境界，还有一种前所未有的人情味，便迎面扑来。

如果说隋代的塑像与壁画注重人物的特征刻画，唐代则着意于人物的内心表现。

堪称国宝的莫高窟45窟一铺七身的塑像，最具代表性。包括一佛、二弟子、二菩萨和二天王。

正中的释迦牟尼是中国式佛像的经典作品。北魏时期那种冷峻莫解的神情全然不见，现在则是中国人所愿意看到的模样——一种怜惜众生的慈祥，一种法力无边的庄严，一种博爱与宽大为怀的气概。他端坐在八宝座上，袈裟随身垂落，于庄重肃穆中略带松弛自然。庄重肃穆是佛的尊严，而松弛自然便是唐代佛教显露出的欲与人间相通之意。

释迦二弟子的塑像比起隋代那两身（莫高窟第419、427窟），不强调外貌特征，不夸张表情，而是收敛目光，不形于色，致力于内在情绪与个性的挖掘。从大弟子迦叶微耸的眉头，略含苦涩的嘴角，深沉的目光，崚嶒的胸骨，来体现这位僧人的非凡经历所铸成的复杂性格，而同时他的一种赤诚深挚之情，仍使人分明感到。

小弟子阿难的塑像是敦煌莫高窟的顶尖之作。对这位处世甚浅的僧人，塑工不着眼于他的单纯，而在其低眉信首之间，透现他天性的平和与顺良。特别是双手相握，身体侧倚，惟妙惟肖地表现出一位近侍佛陀的小僧人的亲昵可爱。

这种由倚侧的身姿表达出的亲昵感，也同样表现在一左一右两尊胁侍菩萨身上。菩萨的垂目、低首、斜颈、倚胯、扭腰——尤其是腰间裙带间松垂的腹部，都生动逼真之极地塑造出菩萨特有的柔和慈爱的美。

站在菩萨两旁的一对天王，比起隋代的天王力士（莫高窟第427窟前室），更具威猛气概，也更像中国的武士。

公元619年（武德二年）大唐立国第二年，站脚未稳。山西叛臣刘武周和宋金刚勾结突厥人攻打太原。唐高祖不好动用太子，便派遣次子、年仅22岁的秦王李世民率兵打击叛军。这等于给了李世民一个展露才能的机会。李世民率军从龙门渡黄河，与叛军苦战半年，常常是三天吃一顿饭，夜夜和衣而卧，

莫高窟第154窟报恩经变之舞乐（中唐）

终于以少胜多击溃叛军。全军凯旋至蒲州永济镇时，将士们用旧时军歌，填上新词，高歌唱道：

受律辞元首，相将讨叛臣，

咸歌破阵乐，共赏太平人。

唱歌时，擂动大鼓，伴以龟兹调，声震山野。

李世民做了唐太宗，便把这歌曲改编和排演成为大唐乐舞的惊世之作《秦王破阵乐》。

这乐舞由120人表演舞蹈，100人合唱，100人伴奏。表演战场上往来突刺、阵法变幻的激烈情景，洋溢着豪迈威武之气。

当年在长安每次演出，千万观众一齐按照乐曲的节奏，击打剑鞘，同时山呼万岁，一时惊天动地，慷慨激越，气贯山河。

这乐舞的场面被画在莫高窟的壁画上；这乐舞的精神则熔

铸在大唐独有的天王力士的形象中。

（莫高窟第45窟之外，包括第46、319、284、194、159窟天王力士塑像，第12窟画像。龙门石窟奉先寺天王力士像。西安市中堡村出土唐三彩天王俑。）

这一铺七身塑像，依照佛教的审美观对称排列。释迦居中，以显主尊之崇高，然后是迦叶、阿难，老少相应；菩萨、天王，刚柔相济。中国的文化与艺术，追求完整的境界。老少刚柔，各尽其极，相辅相成，达到完美。如此精练、高超又完美的一组雕塑群，当为中国佛教艺术的绝世之作。

这七身佛又不是佛。

大唐的佛，已经变成世间的人。

佛自天竺传入，经过十六国、北魏、西魏、北周、隋等几代中国化——也就是中国文化的同化，及至大唐，终于成为纯粹的中国的佛教和中国的佛像，并在唐代开花结果，发扬光大。

（莫高窟由十六国至唐各代佛的形象）

这到底是天国还是世间的人物？你看，这憨直爽快的壮士（莫高窟第194窟天王塑像），心事重重的老者（莫高窟第200窟迦叶塑像），敦厚缄默的女子（莫高窟第197窟菩萨塑像），英俊轩昂的武将（莫高窟第322窟天王塑像），粗鲁执拗的汉子（莫高窟第444窟壁画弟子），以及这一张张面孔（各窟各种酷似世人的形象）……有的恍惚认得，有的似曾相识。在这些形象中间，你是不是会产生身在人间的错觉？

唐代笔下的维摩诘全然成了一位中国居士或王

莫高窟第45窟天王彩塑

侯。人坐在当时流行的带屏风、壶门状高足的床榻上，面前木几上摆放的美食美器，无一不是日常用品。富有的供养人自然很容易进入这《维摩经》的经义中去了。

至于菩萨，已全然变成女性。除去观音、文殊、普贤这几位大名鼎鼎的菩萨，偶尔还要抹一笔石绿色蝌蚪小胡，应付一下。其余菩萨，有的是婀娜多姿、温婉雅静的少女（莫高窟第57窟中央说法图中胁侍菩萨），有的是风姿绰约的成年女人（莫高窟第220窟"阿弥陀经变"、第148窟南壁龛顶西披、第468窟"文殊变"等）。

唐代妇女以胖为美，菩萨也明显胖了起来。

对于飞天，不再像原先佛经所说的一男一女，一律改作美丽动人的天女。

连观音也画成华衣盛装的贵妇人。

（莫高窟第45窟南壁《观音经变》）

公元676年（上元三年），武则天声称用所捐的脂粉钱来建造的洛阳龙门石窟奉先寺大卢舍那佛，已彻底成为一个典雅秀美的女子了。

中国大乘佛教广泛流传之后，佛国中以阿弥陀佛和观音菩萨最受尊崇。不仅表现这二位神佛的经变画剧增，观音的法力也无限度地扩大（莫高窟的十一面观音、千手观音。日本京都三十三间堂）。观音解脱生存世界暂时的烦恼与困苦，阿弥陀佛给死后的亡灵以永恒的欢乐与幸福。于是，人们把阿弥陀佛居住的净土画成极乐世界；把观音画成慈悲为怀的女人相，也使佛教更具人情味。

人情味，是中国式的人文特征，也是中国佛教的特征。关切和被关心,对于群居的中国人来说是生存的心灵必需。他们是按这种需要改造佛国,再使佛国满足自己。佛教的境界一下子就变了。

这样,人们进入佛教已非难事。不必再不停歇地绕行中心柱而礼拜,也不必面壁坐禅和终生参悟。高僧昙鸾和他的弟子善导主张,无论何人,只要专心和反复诵念佛号,一切苦难便得以解脱;临终时,这样专心和反复诵念佛号,就能离开尘世而往生净土。对于唐人,不需要舍弃现实享乐而去苦修,如此简便地摆脱烦恼,往生极乐,真是求之不得的了。

(莫高窟第45窟南壁"观音经变"中有题句"假使兴害意,推落大火坑,念彼观音力,火坑变成池,云雷鼓掣电,降雹澍大雨,念彼观音力,应时得消散")

莫高窟第148窟舞乐图局部(盛唐)

莫高窟第 45 窟正壁龛彩塑（盛唐）

唐代的壁画创造了一个固定格式，即在经变画两边，配上对称的屏风画。题材多是"未生怨"和"十六观"等劝善戒恶、普及佛法的图画，指点凡人怎样进入极乐世界。画面的细节，无论人物与景物都取材于现实，看上去自然可亲。

壁画是通往天国的美丽的梯子。原先只有壁画外边是现实，现在壁画里边也有现实。

现实的积极参与，是大唐佛国的新境界。

创造这新境界的功臣，是唐代的画工和大画家们。

唐代的画坛群星闪耀，大师辈出，远比前朝隋代辉煌得多。隋如清晨，朝霞染天；唐似卯时，赤日东升。唐代画家刚由画工中间独立出来，往往还带着昔日画工的手法。不仅画绢本卷轴，也画寺庙素壁。壁画的画工们都使用粉本画稿，画稿就是画样，彼此相互借用。这时丝路畅通，中原与河西信息贯通，中原的画稿粉本便直接流传到莫高窟中，中原画风也成了莫高窟的时风。

（藏经洞出土的白画）

白画就是画工的画稿和粉本。

大画家周昉曾受命于唐德宗，在章明寺作壁画。草稿完成时，就有上万人参观，可见名气之大。周昉擅长画唐代崇尚的短眉小口、艳丽丰肥的贵族妇女。写实本领高超。他所画的那种披在女人肩臂上半透明的薄纱，细腻轻飘，令人叫绝。画坛上把他的风格叫"周家样"。敦煌莫高窟藏经洞出土的绢本《引路菩萨图》上，有一位被菩萨导引走向极乐净土的富家女子，就是标准的"周家样"。

（藏经洞出土绢画《引路菩萨图》。周昉《簪花仕女图》）

莫高窟第130窟都督夫人礼佛图（盛唐·临本）

吴道子和李思训都是大唐一代宗师。唐玄宗命他俩在大同殿上描绘四川嘉陵江三百里风景。李思训精雕细刻，画了几个月；吴道子逸兴飞扬，只画了一天便掷笔而成。

吴道子属于大写意，下笔飞快，线条疾畅，人物全似被迅风吹过，衣袂斜飞，所谓"吴带当风"。画坛把他这种鲜明而爽劲的风格称为"吴家样"。李思训又称大李将军，长于工笔重彩，尤善铺染用孔雀石研制成的石绿色。画面金碧辉煌，装饰意味强烈，自成一格。其子李昭道继承家法，人称"小李将军"。

（李昭道《明皇幸蜀图》）

这两位大画家对莫高窟壁画的影响明显又巨大。

在线条运用上，明显受到"吴家样"的启示。特别是那种爽快利落的长线，极具吴道子之精神。这幅"白描人物"（莫高窟第9窟中心柱），两人临风而立，袍带一齐飞举，作画时用笔的迅捷仍使人感到，画工用笔技艺的娴熟老到又令人赞叹不已。画史上所谓的"吴带当风"，只有在莫高窟才可以见到。完成了中国化的唐代壁画的标志，是确立了以线为主的艺术特征。这显然受到了吴道子的直接影响。

在色彩运用上，处处都有李思训大青绿风格的影子。青绿色是一种矿物性颜料，无论均匀铺染，还是由深到浅地过渡，都很困难。李思训晕染青绿，既能繁华典丽，又能隐含缥缈。敦煌画工掌握了这一技术，便使得大唐壁画呈现出金碧相映、富丽堂皇的时代风格。

有唐一代，中国绘画步入成熟。画理上各树一帜，技术上各有所长，题材上各有钟情。韩幹、曹霸的马，韩滉的牛，王维的山水，各尽其妙，各占一方。无论写真

榆林窟第25窟西壁门北 文殊变（中唐）

引路菩萨图(盛唐)·英国不列颠博物馆藏

技巧，还是创作水准，已臻历史高峰。大唐的开放带来精神的自由，在艺术上则刺激了个性的张扬，形式独创，以及形象内在生命情感的勃发。无意中，给佛教带来了新奇感和吸引力。佛教便抓住这艺术的新风格而不放了。这很像17世纪欧洲风靡一时的华美热烈的巴洛克艺术，被暗淡一时的宗教拿去做了兴奋剂。所不同的是，巴洛克艺术帮助了穷途末落的天主教，而大唐艺术却点燃了中国大乘佛教的辉煌。

（韩干《照夜白》、韩滉《五牛图》、王维《雪溪图》。莫高窟大型经变画。巴洛克风格的教堂、穹顶画、祭坛。贝尼尼的雕塑。普本斯《掠夺吕西普斯的女儿》）

然而，佛教独有的精神内涵，特别是对理想天国的描述，也给了画家们尽情发挥的天地。

艺术，最终都是把理想形象化。

理想主义永远是人类艺术最迷人的主题。

唐代佛教给画家这个迷人的主题是净土。

| 明皇幸蜀图·李昭道（盛唐）

| 照夜白图·韩干（唐代）

聪明的画工们在描绘这块净土时，一半任凭想象驰骋，一半依据生活现实。

富有的大唐本来就把现实向理想推进了一步，画工们又把天国拉近了一步，天国与人间，彼世与此世似乎只有一步之遥。

把理想现实化是大唐石窟的最大特色，这特色便是：人情味、俗世感和生命的意味。

登上这曲折上升的木梯，进入层层雕梁画栋的重阁，再一直步入这云烟缭绕、溢彩流光的画洞，是不是真的以为进入了永生而极乐的天国了？

（复原的唐代洞窟外景）

（本集终）

第七集 共同的理想国

在庄严悲怆的佛乐中,巨大的释迦牟尼雕像右胁而卧,泪然大寂。这是所有佛教窟寺里最富于情感色彩的场面。

(莫高窟第158窟涅槃像。随同以下文字表述,展示相关细节。)

一代哲人释迦牟尼活了80年,以他觉悟到的人生真谛教化众生。当他感到大限将临,便在天竺拘尸那城跋提那河畔的婆罗双树之间,向弟子们讲说了整整一天一夜的《大般涅槃经》,然后卧倒圆寂。涅槃像俗称卧佛或睡佛。

佛的涅槃,是佛国最重大的事件。

佛教中对他涅槃的传说可谓神乎其神,据说此时,海水扬波,大地震动,山崖崩落,树木摧折,势如天崩地裂。

重庆大足石刻
宝顶山摩崖造
像《涅槃图》

天国的神佛菩萨、梵释天人全都赶来致哀。这是天龙八部（天、龙、药叉、乾闼婆、紧那罗、阿修罗、迦楼罗、摩睺罗迦）；这是四大天王（东方持国天王提头赖吒、南方增长天王毗琉璃、西方广目天王毗留博义、北方多闻天王毗沙门）；还有十大弟子。小弟子由于陡然失去尊师，不知所措而陷入茫然；大弟子迦叶在痛楚欲绝的众弟子中最是激动得不能自已。尽管诸位菩萨修行甚高，已然"不觉有情"，但面孔还是抑郁沉默，失去了光彩。

与这悲天恸地的场面相对比，唯有枕手而卧的释迦牟尼安详若睡，阖目似冥，嘴角含笑，鼻翼尤觉翕动。他巨大的身躯显示了一片辽阔的宁静；清寂悠远，超然出世，展示出佛教"寂灭为乐"的精神境界。

佛的涅槃在佛教中是一种象征。

佛教的寺庙，常常把这种现身说法的涅槃像放置主殿。以强烈的感染力代替艰深的说教。

第七集 ◎ 共同的理想国

| 莫高窟第 158 窟西壁北侧举哀图（中唐）

莫高窟第159窟维摩诘经变局部（中唐）

（四川大足石窟宝顶。永靖炳灵寺第132窟。新疆克孜尔石窟第161窟。张掖大佛寺等处的涅槃像）

然而，就在这盛大的举哀的画面中，有一群人物非常惹眼——他们有的戴着华贵毡帽，有的头束白巾，有的散披红发，有的扎着许多弯曲的黑辫儿，有的穿着窄袖团花胡衣，有的袒胸赤臂；这中间比较容易看出的是头戴冕旒、身穿长袍大袖的汉族帝王。

跟着他们就能一个个辨认出来了：吐蕃的，突厥的，回鹘的，中亚康居的，南亚缅甸、阿富汗和巴基斯坦的……各国的王子。他们在以往的《维摩诘经变》中，不是一直与汉族帝王相峙而立吗？此时怎么会跑到一起来，同哀同悲，捶胸顿足，号啕大哭，有的割耳挖心，痛不欲生？是有人故意把他们安排到一起的，还是他们偶然相聚在这里？是为了表达一种宗教情感，还是一种共同的人间理想？抑或有什么具体和更深层的暗示?

在敦煌以外所有涅槃的场面中,都不曾见到这奇特的景象!

镜头在《各国王子举哀图》的画面上定格。

如果再去看一看这时代的《维摩诘经变》的"各国王子听法图",就会分明感到大西北一个重要的时代已经到来。安史之乱之后,尽管中原依旧是大唐江山,但河西走廊和敦煌莫高窟已经进入了吐蕃称雄的时代。

(莫高窟第159窟东壁南侧《维摩诘经变》"各国王子听法图")

原先站在各国王子中间的吐蕃赞普,此刻在侍从们的前呼后拥中,当仁不让像领袖一样站到行列的前头来,明显地在和对面的汉族帝王分庭抗礼了。

(从以往站在各国王子中间的吐蕃赞普,叠化出此时站在领先地位的吐蕃赞普。吐蕃赞普和汉族帝王像)

辽阔的大西北,从来就是多民族共同生存的天下。

从秦代算到清代,不过7个朝代,就有两个王朝——蒙古族建立的元朝和满族建立的清朝——是北方民族政权。这两个朝代在中国历史上共存在了429年,但这还只是少数民族入主汉地建立的政权。如果再算上少数民族在北方建立的割据性的地方政权,少数民族在中国历史上发挥的作用,

莫高窟第159窟西壁龛外北侧文殊变(中唐)

第七集　共同的理想国

莫高窟第158窟涅槃窟天龙八部（中唐）

还要扩展到漫长的6个世纪以上。

日光强烈照射下的祁连山和天山，融雪成河，晶莹地渗入大漠与沙碛，形成一个个鲜亮耀眼、充满生气的绿洲。

（清·徐松《西域水道记》及插图）

早在先秦，就有戎、羌、氐、大夏等民族在这里生息繁衍。这些民族和他们拥有的马群和羊群混在一起，追逐着鲜美的青草与甘洌的溪水，获得生命的延续与鲜活。于是，他们像云影一般在这空旷的草原和大漠上游动，不间断地迁徙。他们的生存活动往往把西北疆域与中亚大地连成一气。在这种大规模的辗转迁移过程中，不仅把中华文明传播出去，还把域外文明携带进来。而他们自己的文化，就是一种开放型和混合型的文化。

他们之间，一边友好交往，一边为了夺取生存条件而发生激战。相互依存又相互对抗。相互需要又相互争夺。早期人类的活动更接近大自然的弱肉强食。历史就这样虎虎有生气地一页一页翻过去了。

（激战中人械相撞。焚烧的帐篷。如蝗的箭。被掳掠而狂奔的牧马群）

处在丝绸之路咽喉的敦煌，必然成了中古史上最乍眼、最诱惑、最炙手可热的地方。

边远的敦煌，不仅被历代中央政权视为心腹之地，也是北方民族之间必争的生存要隘。在汉武帝开拓河西之后的两千年中，至少有三分之一时间，敦煌由少数民族当家做主。唐代那两句名诗"劝君更饮一杯酒，西出阳关无故人"足以表明敦煌是汉人活动的极限。但对于西北各少数民族来说，整个河西，连同西域，乃至中亚，都是他们驰骋的天下。公元前后，塞人、氐人、匈奴人、乌孙人和月氏人，都曾在这个历史舞台上充当过咄咄逼人的角色。然而盛极而衰，他们一个个离开了敦煌，远走中亚，甚至更远的西亚。把他们的人种形象消融在那儿固

第七集 共同的理想国

莫高窟第285窟北壁说法图（西魏）

有的音容笑貌里。

随之而来的历史角色，就是北朝的鲜卑和隋代的突厥。然而任何历史角色都不可能常新。在历史时空的斗转星移中，鲜卑和突厥的时代又成了过往的黄金岁月。跟着是大唐在敦煌一手遮天，把权力的铁腕一直伸进中亚各地。

但是公元755年（天宝十四年）的安史之乱，迫使唐王朝把河西的精锐部队调入中原。一个崛起而气盛的民族，吐蕃千载难逢的时机来了。他们乘虚而入，经过11年战争，占据了河西。此后尽管大唐在中原依旧歌舞升平，敦煌却听命于吐蕃长达67年。

吐蕃是藏族的前身。

一个风习独异的民族做了敦煌和莫高窟的主人，到底是吉是凶？

事实是，敦煌非但没有受到扼制，反而更加兴盛。同样信奉佛教的吐蕃人开窟建寺的热情有过于前朝。他们在敦煌城内一连兴建17座寺庙；在莫高窟开凿与续建的洞窟高达92个，反倒超过了洋洋自得的初唐与盛唐两个时期。

吐蕃当政时期，沙州人口不到三万，职业的僧尼却有一千，而且寺院开始拥有土地、产业和寺户，僧人们无拘无束，不受官府管辖。高僧的画像大模大样地出现在洞窟的墙壁上（莫高窟第158窟）。从敦煌艺术史的角度看，佛教保持相对独立，艺术便多些自主。

吐蕃时期的洞窟依然遵循着盛唐风格，趋向寺庙那种殿堂模样的窟式（莫高窟第231窟洞窟内景）、以净土内容为主的经变画（莫高窟第112窟南侧。榆林窟第25窟南壁的净土变壁画）、菩萨的女性化（莫高窟第159窟文殊变和普贤变、第158窟天请问经变中的菩萨形象），以及造型和绘画的风格，都恰恰是对盛唐风格进一步的完善、确定和成熟化。

这表现了大唐文化的强大劲势与魅力。在精神和文化上，从来都是成熟的要影响不成熟的。

大唐文化在吐蕃时期仍占据绝对上风。

然而，细心观察便会发现，由于大乘佛教对大众具有主动适应的性质，使得吐蕃所信奉的藏传佛教的内容渗入洞窟中。

一种在佛床后凿通一条走道的窟式忽然出现了。这种类似传统中心塔柱的窟式，在佛教刚刚传入时十分流行，随后渐渐消失。此时，为了适应吐蕃人习惯于绕行礼佛，便在原有的洞窟中改造出这种新型的窟式。

如果再留意去看，还能从中看到一些前所未有的密宗神像。比如不空羂索观音、如意轮观音、日月神、十一面观音、千手眼观音、千手文殊菩萨。

（莫高窟第129、176等窟如意轮观音。第129、200、384、361等窟不空羂索观音，第237、361等窟日月神，第370窟十一面观音，第176、231、238、361等窟千手眼观音，第238、285、361等窟千手文殊）

瑞像图是吐蕃时代的新产物。

这身双头的佛瑞像，是分外惹眼的一幅。

玄奘的《大唐西域记》上，对它有一段记载：

是说两位穷人都想请画工在寺庙中为自己画一身彩色的小佛像，以表示敬意。但他们每个人的钱，都不够画一身佛像的价钱。画工不能拒绝他们，便画了一身像。这两个穷人说："一个佛像怎么能表达两个人的心愿呢？"画工说："我没有贪占你们分文，你们的钱全用在这身佛像上了。如果我没有说谎，马上就会有吉祥的事情出现。"话刚说完，奇迹就出现了，变成一身双头而奇妙的佛像。于是两个穷人更坚定了对佛教的信念。

这原本是一个印度的故事。对于倡兴大乘佛教的敦煌石

莫高窟第156窟张议潮统军收复河西图

窟来说,就分外受到欢迎,新颖的双头瑞像就出现在洞窟的墙壁上。

在漫长的莫高窟历史发展中,本土的中国文化不断与外来文化混合与融合,改造与再造,已经形成一种独特的不可动摇的文化主体。这就像一个强劲的肌体,任何外来事物进入其中,无须慢慢消解,马上就被选择与吸收,成为自己活生生的一部分。

新出现的瑞像,连绘画风格也被敦煌化了,成了地地道道的敦煌瑞像。

(莫高窟第237窟西龛东披天竺白银瑞像等)

在这强大的背景下,不被改造的只有这些吐蕃的供养人。

(莫高窟第359、225、220等窟)

这表明吐蕃人对莫高窟的建造和发展有功。

这些虔诚的活生生的人物的留影,还说明吐蕃人也把自己的人间理想安顿到这想象的天国中来。

从吐蕃时期开始,敦煌进入汉族与北方民族交替掌权的时代。

公元848年（大中二年），敦煌世族张议潮趁着吐蕃达摩赞普去世，无子继位，国内大乱，便兴兵起事，一举将敦煌的吐蕃政权推翻。张议潮受到大唐王朝的赞许与嘉奖，被封为归义军节度使。于是在唐代晚期的半个多世纪里，敦煌又回到中原政权的手中。

（莫高窟第156窟东、南、北三壁《张议潮统军收复河西图》）

张议潮之所以登高一呼，就能聚众千万，其背景由于敦煌是个以世族权力为中心的社会。

天高皇帝远，有钱有势的豪门世族便成了这里的主宰。为了构筑自己的势力，这些大族之间，姻娅连绵，累世不断。把家族官场化，把官场家族化。敦煌作为佛教东传和西天取经的精神码头，僧侣也是一方面势力，于是世族进入了佛教，僧人也进入豪门。世族们包揽了这里——由人间到天国的一切，这真是个罕见的历史现象！这一来，家财万贯的世族就成了敦煌佛教的经济后盾。一些延绵了十来个世纪的豪族大姓，如索、阴、张、曹、氾、翟、阎、阚、令狐等，都出资在莫高窟开窟。由于出钱建庙是积累世间的功德，是善

莫高窟第98窟于阗国王像

行义举，世族间竞相开窟，有的一族数窟，有的甚至一家一窟，子孙相继，世世相传。正是这些世族之间谁都不会去破坏别人的洞窟，便使得敦煌艺术绵延千年，得以保存。

（莫高窟的曹氏、索氏、张氏、汜氏、阴氏等世族洞窟及题记）

同样，由于敦煌有这样悠久的世族和实力雄厚的寺院，藏经洞才会存藏如此浩瀚的文献。这几乎是整个敦煌的资料馆，在中原地区是绝难想象的。

（莫高窟第17窟藏经洞）

张议潮的成功，使豪族世家们得到鼓舞，有的还由于沾亲带故而获得高官和权力。用来炫耀家族功绩和威风的《张议潮出行图》《张议潮夫人出行图》，本与佛教毫无关系，此间竟像佛教史迹图那样煌煌然画在墙壁上。

这样，世族们就一拥而上，都要在洞窟里亮相。他们没有功绩可以自夸，更多则是化作供养人的形象。早期的供养人只是站在最次要的位置，徒具人形，很不起眼，题记也只是由衷地发愿文而已（莫高窟第249窟北壁下部、285窟、288窟西魏供养人。第428窟北周供养人）。中唐以后，世族供养人的身材加大，穿装华贵，堪与菩萨媲美。榜题往往是长长的一等功德记（莫高窟第94窟甬道北壁里层西向第一身题记：叔前河西一十一州节度管内观察处置等使金紫光禄大夫检校吏部尚书兼御史大夫河西万户侯赐紫金鱼袋右神武将军南阳郡开国公食邑二千户实封二百户司徒讳议潮。此类题记极多）。有的一家三代，长长一排，俨然一个巨大的氏族集团。这不像供养人，倒像是绣像的列家序谱。已经弄不明白：到底是他们全要进入佛国，还是全都进入了佛国。

在敦煌洞窟中，比张议潮更显赫的是曹氏一家。

莫高窟第409窟东壁
回鹘王供养像(五代)

第七集 共同的理想国

这个敦煌望族曹议金，在唐王朝覆灭后最混乱的时代，从张氏后裔那里获得河西的控制权。时间是公元914年（五代后梁乾化二年）。曹氏政权经五代到北宋，总共122年。风光了一个多世纪。

曹议金比张议潮更善于精明地处理河西事务。特别是大唐灭亡，群雄并起，天下大乱，如何在这西北要道上站住脚，可谓天大难题。曹议金却应付裕如，首先他对于中原政权，采用依顺态度，一直使用中原年号，来争取中原王朝的承认。这就消除了来自中原王权的疑虑与威胁。

（外景。复原历史画面）

莫高窟第98窟东壁门北侧 凉国夫人（回鹘公主）供养像（唐）

他对于西北的两股强大势力的方式是密切往来，拉拢安抚，结为友好。从藏经洞出土的曹家与酒户的账单，就能看到当时从河西到西域使者往来何等频繁！

（归义军支出酒账，敦煌研究所藏。0001，P.2629）

联姻，是西北各民族之间相互联盟和制约的最佳方式。曹议金一边娶甘州回鹘公主为妻，一边把长女远远嫁给于阗国王李圣天。这样就把一东一西两个民族稳住，同时与周围的浑、羌、龙家、蕃等族修好。这一招，正好达到了他的目的——沉寂多年的丝绸之路活跃起来！

"六蕃之结好如流，四塞之通欢似雨！"

这两句话表明曹氏政权的成功。一个成功的政权，首先是创造安定的环境。

（莫高窟第61窟回鹘公主像。第98窟东壁南侧二身于阗国至孝皇帝天皇后曹氏像。第98窟于阗国王李圣天像。以上三种像多见于莫高窟和榆林窟中）

大兴佛教是隋代以来稳定政权的必由之路。

曹议金比任何一位敦煌权贵都热衷于开凿莫高窟。曹氏政权分为两个时代：五代曹氏政权前期和北宋曹氏政权后期，两个时期建新修旧的洞窟分别是175个和112个，达到了历史

莫高窟第156窟北壁下部西侧张仪潮夫人出行图之乐舞（晚唐）

的高峰。为了大规模营造洞窟，曹氏仿照中原设立官办画院。当时敦煌盛行的专门承接画塑业务的民间画行，都有级别和分工。画院里也分等级，比如画师与塑师、画工与塑工，以及院生和厮役等等。此外画院还有官职，画师称作"都画使"，组织上更加正规。这样一个集体就能运作大规模的开凿建造工程了。

（潘絜兹《莫高窟的创造者》）

公元966年（宋乾德四年）初夏。归义军节度使曹元忠和夫人翟氏（莫高窟第55窟曹元忠像，第398窟等凉国夫人翟氏像）来到莫高窟避暑，发现北大像（莫高窟第96窟）年久损坏，指令僧统辩正大师负责维修。从五月二十一日动工，直至六月二日完工，每天使用306个僧俗劳力。包括画工、塑工、石匠、木匠、泥匠、炊事等。单是日日供应的饭食就堆积如山。凉国夫人翟氏还亲手送食，供给工人，表示对佛陀的一片诚敬。

在曹氏政权时期的莫高窟，动不动就大兴土木。据说当时，许多洞窟的洞口上都加造了木构窟檐，中间还增添更多的栈道相连；在长达一公里的露天崖面上全都画上彩画，极其灿烂。在这荒无人烟的大漠上，矗立如此一座画满图画的山，真是难以置信啊！

（莫高窟历史画面复原）

从残存至今、无比珍贵的彩绘窟檐和露天壁画，依然可以想象当时的壮观景象。

（莫高窟第427窟外景。其他三处宋代木构窟檐）

曹氏时期开凿的洞窟都很大，墙面也大，画面就多。最大的一座洞窟单是独立的故事画就有30多种。作画时，集体创作，每人各画一处。敦煌的壁画，往往四壁的风格各不相同。画师们各抱一壁，各炫其技，各逞其能。

既有铁线简笔，凝重深厚（莫高窟第34窟射手），也有重彩精制，华丽非凡（莫高窟第98窟维摩诘经变）；既有迷人的水墨神韵（莫高窟第107窟歌舞伎供养人），也有生动的没骨神采（莫高窟第55窟观音经变）；既有沥粉堆金的高超技艺（莫高窟第98窟供养人），也有运笔如风的顶尖功力。看上去，这些洞窟很像大型的美术博览会。

此时代表世族大姓们的供养人，向着更高、更大、更美的方向发展。而且逐渐占据甬道两厢，有的长长一排，浩浩荡荡，有的比佛陀菩萨还要更显眼突出。佛的洞窟有如他们的家庙。他们不仅要占有人间，还要占有佛天。（莫高窟第61窟和第98窟曹氏供养人像）曹议金与他的回鹘妻子的《出行图》，模仿《张议潮夫妇出行图》，气势更加宏大。一路上，扬鞭催马，载歌载舞，奴婢成群，喧闹非常，他到底想没想过此时站在一旁的神佛们会作何感想？

（莫高窟第100窟《出行图》）

佛国净土的美妙境界减少了，代之是人间权贵的世俗气息。

信男信女们带着理想走进这些洞窟，是不是会感到又回到了现实？那么，理想应该放在哪里呢？

现实是很难放进去理想的。他们还是固执地把理想放在这里。但他们不会把理想交给那些显要权贵们，而是寄托在彩色的云彩上徜徉的神佛与天女们。

自晚唐以来，经变画内容突出的改变是《劳度叉斗圣经变》的出现和《降魔变》的陡增，这种驱邪降魔的画面与天王力士们威不可挡的形象一起，在动乱的五代频繁涌现，表明人们的现实境遇和更迫切的生存愿望。

如果理想总是虚无缥缈的，理想也会失去生命力。

理想也是有实实在在的生命的，那是因为它和现实牢牢系在一起。

（莫高窟第6、53、72、98、196、85、108、146等窟《劳度叉斗圣经变》。第12、9窟等天王力士像）

敦煌的历史从来不与中原的历史同步。

三百年的大宋王朝，对于中原来说，不过刚刚过了几十年光景。又一个北方民族强盛起来，就是党项族。他们以一种气吞山河的气概，在北方空旷的草原上扫荡着敌对的部落。沙州回鹘人一直是他们争夺河西控制权的强劲的对手，而且刚刚吞并了处于颓势的曹氏末代政权，但也抵挡不住势头正健的党项人。

（历史画面复原。榆林窟第39窟回鹘人像。第308窟行脚僧像）

莫高窟木制窟檐（宋）

公元1036年党项人摧垮沙州回鹘，公元1038年建立大夏国。其疆域横跨宁夏、甘肃、陕西、青海、内蒙古等地。敦煌正处在西夏国的核心地带，因而被党项人统治了将近两个世纪。

党项族是草原游牧民族。他们没有文字，不知五谷，用草木计算岁月。但是他们聪明豁达，有创造性，善于从别的民族那里拿来文明的成果。在他们开国之日，马上就从坐骑上跳下来，向汉族学习农耕技术，兴修水利，发展制铁工业。一种被称作"冷锻法"的冶铁新技术就是西夏人的发明。他们还像日本文字片假名那样，把汉字作为基础，创造出一种美丽又奇异的西夏文字来。

（《西夏碑》。拜寺沟方塔出土的西夏文佛经。宏佛塔天宫藏西夏文大号字雕版）

可是，由于中国的历史一直把中原视为正宗，歧视边远各族，西夏亡国后，他们的文化便像风沙一样消散。

历史的记载十分寥落，留下的遗迹更是寥落。

（甘肃安西榆林窟土坯塔。内蒙古额济纳旗黑水城遗址残塔。宁夏石嘴山涝灞沟口石刻覆钵塔等）

12个西夏帝王竟没有一个留下画像。历史好似空白。

不单西夏文字很难识别，文字后边的文化更是一个又空又大的谜。

（广济寺塔奇异的手印方砖。宏佛塔天宫藏佛头和宏佛塔天宫藏泥塑残块）

西夏文化成了一种失落的文明。

（拜寺口西塔及各层佛像。青铜峡一百零八塔全景）

然而，在西夏兴旺的时代，它又是何等强健、雄俊、聪颖、生机勃勃！这个终年在草原上驰骋的民族，一旦立国当家，立即明白治国大略——一手握住刀剑，一手弘扬佛法，布置理想的天国。他们懂得佛国是北方民族共同的精神家园，为此武威护国寺孝感通塔上才有这样一段碑文：

"至于释教，尤所崇奉。近至畿甸，远及荒要，山林溪谷、村落坊聚佛

| 榆林窟第29窟西壁供养人及童仆（西夏）

宇遗址，只椽片瓦，但仿佛有存者，无不必葺。"

西夏时代，佛教在空前的倡兴下已成了西夏国教。

（贺兰宏佛塔。拜寺口双塔。拜寺沟方塔出土舍利子包以及佛经、佛画和发愿文）

河西一带所有石窟再次进入兴建的高峰期。

（武威天梯山石窟，张掖马蹄寺石窟，酒泉文殊山石窟，玉门昌马石窟，安西榆林窟，敦煌莫高窟的西夏壁画或雕塑）

莫高窟的西夏洞窟达77个。由于三危山的崖面几乎被前代的洞窟占满，西夏时代以重修为主。有些则是在原有的壁画上涂上泥重新再画，这也表现了西夏政权势力的强大。

（莫高窟西夏洞窟外景。第263、246窟西夏改造过的洞窟内景）

西夏文化是汉族、藏族、女真族和契丹族文化的混合体。它虽然有某些很突出的特征，但本身没有形成系统。面对汉藏两族强大的文化，便处于弱势。再加上敦煌的文化主体和艺术样式已经确立。在西夏的敦煌石窟中，仍是原有风格的延续与深化。无论从窟形、壁画内容、绘画技法，一律沿用旧风。敦煌的文化艺术传统反而得到进一步的巩固。

（西夏莫高窟和榆林窟内景。贺兰宏佛塔藏绢本佛画《玄武大帝图》《护法力士图》。一百零八塔出土中原风格的彩绘天官像）

西夏时代的莫高窟里，明显的一种新的文化因素却是来自藏族。

自吐蕃时代以来，藏族文化对敦煌的影响不断加强。藏传佛教也是多民族的敦煌的精神需求。西夏君主李元昊精通藏文，便从西藏迎来噶举派密教。焕然一新的藏密图像在敦煌石窟中一个个亮相了。这些或是清劲俊美、妖媚动人的菩萨，或是"以

朝元仙杖图
武宗元（宋代）·美国纽约名德堂藏

恶制恶"、怪异狰狞的愤怒明王的形象，都给敦煌艺术带来新的激情。

（拜寺口西塔天宫藏绢本《乐金刚图》，木雕《乐金刚像》，宏佛塔藏绢本《喜金刚像》，东千佛洞第2窟观音菩萨像、供养伎乐图、站立菩萨像等）

敦煌文化的性格是始终对外来文化保持一种好奇与兴奋。用外来的文化激素，不断创造自己，使自己永远充满诱惑。这也是一切生命的本质和存在方式。

不论来自哪一方——中原也好，西藏也好，欧亚也好，北方哪个民族也好，只要一个崭新的因子投入，必然激发出一片鲜活的风景。

在西夏时代，来自中原的艺术活力，仍然源源不断地注入敦煌石窟。尤其是榆林窟。可能在西夏时代由中原传来一些一流的粉本，或者干脆来了几位中原画师，带来了中原的技法与中原的水准。宋代是中原绘画的全盛期。如今在这里看到的线描技术与造型能力在宋代画坛也堪称上品。

（榆林29窟、东千佛洞2窟、莫高窟第97窟等）

尤其榆林三窟在风格上接近道教寺观壁画的两铺——《文殊变》和《普贤变》。天界诸神，无论结构还是用笔，都是老到精熟，美妙绝伦。衣纹线条，与武宗元如出一辙。从背景的山海树石中，可以明显看到许道宁、燕文贵、郭熙、马远等人的影子。这样的水墨画法，在敦煌石窟中可谓史无前例。画幅巨大，形象精致，下笔明快劲利，毫不犹疑。纵横捭阖，随心所欲。庄重不阿，疏朗浩大。以壮美的山河代替浩渺的云天，显然神佛已经下临人间，这也是宋代以来佛教进一步世俗化的典型表现。

（宋·马远《水图》，郭熙《溪山行旅图》和《早春图》，燕文贵《溪山楼观图》，许道宁《渔父图》，武宗元《朝元仙杖图》等）

佛教的内容，即使再艰深玄奥，从来都不会脱开俗世的。只不过有时放在天上，把它理想化；有时拉到眼前，渴望变成现实。

西夏给敦煌带来自己的文化的贡献，是它独具魅力的民族精神与美的风采。供养人形象（莫高窟第148窟。榆林窟第3窟、第29窟供养人群等，第29窟高僧与随从武官为重点）、西夏文字的题记（莫高窟第65窟西龛帐门外南壁。榆林窟第29窟坐西向东、西壁南道门侧下部等）、龙凤纹藻井图案（东千佛洞第2窟），到那些长圆大脸、高鼻细眼、身材颀长的人物造型（莫高窟第363窟和第301窟药师像、第309窟菩萨、第97窟阿罗汉侍从像、第206窟供养菩萨像、西千佛洞第12窟弟子与菩萨像），都显现出西夏独一无二的迷人特征。至于西夏时期盛行的用石绿颜色铺地的"绿壁画"（莫高窟第400窟北壁药师经变与窟顶、第432窟），以及构筑疏朗的画面，都表示唐代的精神已经褪尽。一个新的时代精神已经明显改变了洞窟。

但是，有一种永远不变的，就是人们的虔诚与理想。

公元1227年，党项人的政权被蒙古人的政权取代。成吉思汗骁勇剽悍的铁骑纵入沙州，但进入敦煌洞窟是蒙古人的理想。

（成吉思汗像。成吉思汗陵。莫高窟第61窟甬道蒙文题记）

同样迷信佛教的忽必烈，于公元1246年邀请西藏名僧八思巴出任国师。源自印度，经由西藏传来的密宗文化，比吐蕃和西夏时代都来得强有力，好似一股大浪般涌入洞窟。敦煌蒙上一层浓重的神秘感。空远、陌生、艰涩，天国与人间的距离感又出现了。北魏时期那种氛围，在敦煌石窟的终结期——元代，再现一次。纵观整个元代不过20多个洞窟，气息迷离，色调怪异，窟顶往往被庄重肃穆的曼陀罗所占据，连菩萨们神奇的形象也仿佛回到了佛教东传的初始时代。

（莫高窟第465窟欢喜金刚、持莲供养菩萨、踏碓师、织布师、舞蹈图等）

尤其使人眸子一亮的是蒙古的供养人像。

（莫高窟第332窟。榆林窟第3、4、6等窟）

无论哪一个时代，哪一个民族的供养人，尽管身材面容不同，服装衣饰不同，风俗习惯不同，当他们一进入洞窟，一概是毕恭毕敬，一概祈祷发愿，一概彻底虔诚。这是人们对佛国——实际是人类对自己理想的神圣的态度。在洞窟之外，人们的理想只是无形地珍存在心灵之中；进了洞窟内，这理想就化为缤纷灿烂的色彩与美妙神奇的形象，填满这一个个洞窟。

天国和佛国，其实都是各民族共同的理想国。

（从各时代各民族供养人像到各时代各民族的壁画）

这理想国便是敦煌石窟。它从来就是北方民族与汉族、中华文化与外来文化共同创造的。而完成它的，却是北方民族。

莫高窟第3窟千手千眼观音经变（元代）

因此，敦煌样式只能在敦煌看到。在中国别的任何地方，都看不见与其相近乃至相同的样式。敦煌样式，天下无双。

它属于中华民族，但就整体而言，决不是中原式的。

相对于中原，它是敦煌式的。这就是敦煌样式。

你是不是从中感到北方民族雄奇的气息与独有的精神？

它饱满华美，境界宏大，富于强烈的装饰性和浪漫的想象。

它对外来事物的好奇，使敦煌到处留下惊奇鲜活的光芒。无数民族和无数文化的参与，才使它无穷地丰富和无穷地富有。它

榆林窟第2窟
《水月观音》

第七集 共同的理想国

开阔的景象,使人想到西北旷远的天地;它华丽的窟顶,使人想到游牧民族的帐篷;它充满动感的形象,使人想到那些游牧民族在马背上飞驰的生活;它无所不在的旋律感和节奏感,使人想到从河西到西域,再到中亚和西亚那无处不有的风情各异的音乐。

(各种精彩壁画塑像镜头的闪回)

许多文化都可以从这里找到它们的因子,但它却不是各种文化的混合。这独特而优美的生命只属于敦煌自己。世界上只有在敦煌,才能产生敦煌艺术这种伟大而迷人的样式。

唯其这样,敦煌才无愧于——人类的敦煌。

元代的敦煌留下一块古碑。它刻于 1348 年（元至正八年）。是一块"六字真言碑"。碑上刻着"唵、嘛、呢、叭、咪、吽"六个字。它的奇异之处是分别用六种文字刻上的。

　　这六种文字为：汉文、西夏文、梵文、藏文、回鹘文、八思巴文。都是当时通用的文字。

　　这碑既然出自敦煌，它就是敦煌的象征。

　　石头沉默无语，一切又全在碑面。

　　这属于过去，却存于永远。

　　在夕阳迷离而绚烂的光芒中，莫高窟一片宛如天国降世一般。

（本集终）

第八集 无名的大师们

  风情迷人的波斯市场上,一位中国男子在卖画。其中一幅绢本国画,画着一只轻灵可爱的鸟儿栖息在青草上。鸟儿蓬松,柔软,毛茸茸,眼睛明亮敏锐,身姿精巧灵动,活生生的,仿佛一惊动它,就要振翅飞走。人们都啧啧称赞这位中国画师的才华。

  但是其中一个阿拉伯人却指责这幅画有违常识。鸟儿落在草茎上,草茎就会被压弯,绝不可能依然这样挺立着。这画师听了,提笔再画一幅——青草依然挺直,鸟儿却已飞向天空。他既接受了这位阿拉伯人的批评,又赋予画面更新的意境。那位阿拉伯人只能赞美他的聪明与才气了。

这位聪慧的画师是谁呢?

没人知道,即使在当时,也没人能告诉你。

在丝绸之路上,到处可以看到这些民间画工的身影,看到他们惊世骇俗、才气非凡的作品,却很少有人知道他们的姓名。画工们的姓名从来就是渺小而卑微的。

镜头掠过光秃秃的莫高窟一排排的洞窟,由南向北,缓缓落在最北边一个狭小的窟门上。

窟号:3号窟

孤零零的小洞门常年紧紧闭锁,从不对游人开放,是不是由于窟内狭窄,容不下几多看客?很少有人知道这缘故是:窟内的壁画至美无上,堪称莫高窟第一流的珍品。

沉静高古的形象,精湛绝伦的线条,素雅庄重的设色。关键的关键是线条。

洞中这千手观音,虽不过两平方米见方,其艺术分量足与大足宝顶那88平方米的雕刻的千手观音相媲美!

线描的千手与雕刻的千手。各种局部的画面相映生辉。

这是谁人的手笔?

镜头在西壁帐门北侧观音像左下方居然发现一处墨笔题记:

甘州史小玉笔。

《芙蓉锦鸡图》宋徽宗赵佶(北宋)·北京故宫博物院藏

这是个了不起的发现！古代壁画不同于文人的画作，很少署题姓名的。

这史小玉又是谁？

翻遍了整个一部《中国绘画史》和一部《中国历代画家人名辞典》，也找不到这个名字。然而在画史中，上至周昉、张萱，下至吴伟、仇英，谁有这样坚韧遒劲又畅如流水一般的线条？特别是南北两壁那两身观音的千手，万笔之中，无一败笔；尤其正中那40只大手，姿态各异，极尽表情，多么优美又神奇的手！而谁又能在一幅画上老练而自如地展示出铁线描、折芦描、兰叶描、行云流水描、高古游丝描等多种笔法——

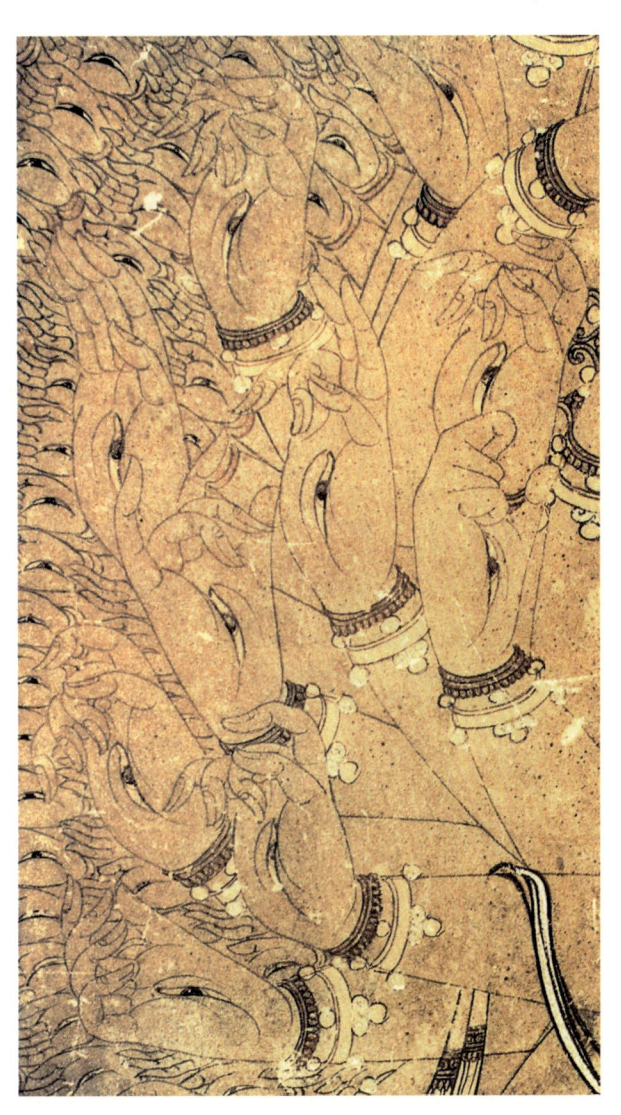

莫高窟第3窟千手千眼观音经变细部白描图（元代）

第八集　无名的大师们

铁线描，用来表现丰满而有弹性的肌体；折芦描，用来表现转折有致的衣褶；兰叶描，用来表现锦缎多变的形态；行云流水描，用来表现丝绸的光滑细软；高古游丝描，用来表现头发的飞举飘扬。

多种线条，多种质感，多种意趣，一幅画表现出多么丰

莫高窟第17窟
藏经洞绢画·藏
大英博物馆藏

富绚烂的美感!

这种显然受中原影响的画风,是否暗示着这个史小玉与中原画坛有着密切的渊源?

可是一个奇特的细节又被发现出来——这个窟的壁画并不是画在通常那种粉壁上。它的墙面竟是一种泥沙!

不单整个莫高窟仅此一例,就是在当今中国任何一处庙宇寺观,也找不到这样的壁画。然而,正是画在这种泥沙墙壁上,笔力才能如此苍劲,墨色才能深深浸入壁内,有一种湿壁画的感觉。

这独一无二的画法,是否来自域外?

这史小玉又是谁?

他是哪个族的画师?汉族?回鹘族?党项族?蒙古族?抑或像尉迟乙僧那样是一位西域画师?敦煌的画师哪一个族的都有。

他给我们带来一片美丽的奇想,一个艳丽五彩的估计,一个充满诱惑的谜。从哪里能了解到史小玉?

在444号窟里,手电筒微弱的光打在昏暗的壁画上,先后照亮了两处题记,这里又发现他的名字。西壁龛内北后柱上墨书:

至正十七年正月六日来此记耳,史小玉到此。

西壁龛内北前柱上墨笔题记:

至正十七年正月十四日甘州桥楼上史小玉烧香到此。

看来这是史小玉在莫高窟3号窟作画期间，闲逛到此，被南壁中央盛唐时代留下的那幅沉雄富丽的《说法图》迷住了吧！连续两次留下了姓名。多亏这题记，叫后人知道他是——河西重镇甘州人，家居桥楼上。

然而，当镜头在这个中古时代的丝路要地寻寻觅觅，却落得了一片茫然。一直找到《甘州志》，也不见史小玉的任何踪迹。

这地处敦煌到兰州、蒙古草原到青藏高原这两条大道交叉的十字路口上的"金张掖"，早已失去了昔日繁华。如今那桥楼何处？何谓桥楼？无处问津……怕早已湮没在这片变得陌生而沉默下来的土地上了。

只有思之太切，才生出这样的幻觉：在某一处古代桥头，忽然遇到了这位背负笔囊的河西才俊，这个中国唯一在泥沙墙壁上作画的古代画家。就在这个中国式的桥楼上吗？

幻觉转瞬即逝。

没人能告诉你。

大佛寺涅槃的巨佛，那种恬静、宽许、慰藉、超然，永存他那微陷的神秘的嘴角里；还有那些优美的壁画与雕刻；以及镇远楼唐钟上风格浑朴的浮雕；西来寺观音殿和长寿寺木塔的精筑巧构……这一切的建造者、画工、塑匠又是谁？谁又能知道他们的名字？

而敦煌几百个洞窟、上千年历史、几千幅画面、一部巨大的敦煌艺术史，总共留下了多少画工塑匠的姓名？像史小玉这样留下题记的，不过只有平咄子、汜定全、温如秀、雷祥吉等

莫高窟第103窟维摩诘变部分（盛唐）

十来个人而已。那个时代，画工们的姓名是不能题写在壁画上的。这只是画工们作画时用手中的笔随手写上去的。你可以把这视为画工们一种对自我成就感的原始表现。然而，这些名字却如同符号一样空洞；除此之外，再没有任何关于他们生活、艺术以至个人生涯的记载。

太空洞了，太虚无了，以致有人怀疑史小玉这个名字是游人信手乱题上去的。

（有关画工们题记的窟号。莫高窟第303窟平咄子、第444窟汜定全、第185窟宋承嗣、第290窟郑洛生，还有第196、401、33、34等窟）。

在藏经洞出土的遗书中，只有一段对五代时期敦煌画师董保德的生动记述。说他师承中原巨匠张僧繇和曹仲达的画法，状物写人，都惟妙惟肖，栩栩如生。看来是一位红极一时的高手。莫高窟里肯定有他的作品。可是，他与史小玉恰恰相反，他没有留下自己的题名，这就使我们无从得知哪一幅绝世之作出自他的手笔了。

到底是鸿篇巨制的《五台山图》，是 61 窟北壁上那些繁华似锦的经变画，还是 98 窟里那精妙绝伦的肖像画于阗国王供养像？

即令这些杰作都出自董保德之手，那么除此之外，千千万万幅壁画精品的作者又是谁？

如果把由无名工匠创造的敦煌艺术史与大师林立的中原美术史相比较，前者非但毫不逊色，反而有其不可企及、巍峨惊人的高峰。

从中国美术用线条造型这一点来看，敦煌画工远在唐代以前，用笔与用线就已臻极高水准。西魏时期画在窟顶上的白描的牛、猪、猛虎和天鹅，都是带着生命感觉一挥而就的。用笔的洗练与生动、潇洒与优美，不亚于近现代任何一位绘画大师。

（莫高窟第 249 窟白描猪、牛、猛虎，第 285 窟白描天鹅）

我们从同时期各地的墓室壁画中，都可以看到这种用线条描写的神气活脱的形象。这表明"以形写神"的艺术观最早是从画工们那里确立的。

（西晋·甘肃嘉峪关第 3、4、6 号墓，东晋·辽宁朝阳袁台子墓，北齐·山西太原娄叡墓《牛与神兽》等）

以线条直接表现生命的神采是敦煌画工一向的追求。

千变万化的线，都为了提炼出精神和美的轮廓。

这既苍劲又流畅的朱线，刻画出火天神的瘦健和老辣；这

莫高窟第17窟藏经洞观世音菩萨像（五代）·故宫博物院藏

朴拙又单纯的白描线，带来了一对持莲童子的天真。这纯熟的圆线，不是恰恰表现出唐代女子的丰满典雅？而在这似飞若飘的笔触的舞动中，悠悠然呈现出观音的纯静和闲雅……

（莫高窟第148窟火天神，第79窟窟顶供养童子，第329窟东壁南侧说法图女供养人，第308窟白衣观音，等等）

这表现圆圆的佛光，只用了一笔。多么匀整与自信，其技艺之精湛，真是匪夷所思！

（莫高窟第320窟）

更高超的用笔，应当是第45窟西壁龛内南侧著名的"菩萨头像"——

眉毛左右各用一笔，线条飘洒俊逸，中间浅而两端深，正好表现菩萨额头的饱满与立体。

上眼睑左右各画一笔，眼珠各点一笔，只画上眼睑，不画下眼睑，眼珠一半略藏在上眼睑内，这就简练而精确地体现了菩萨低眉垂目、安详慈悲之态。

鼻孔仅点一笔。小小一点，前浓后淡，虚实之间，生动地强调出鼻孔凹进去的感觉。

嘴唇用一笔，只勾出嘴缝，嘴的含蓄美便被表露无遗，特别是在嘴角处折返的一笔，使嘴唇似张欲翕之感尽在其中。

如此美妙清纯的神情，一共只用了寥寥八笔。

罗马梵蒂冈城西斯廷教堂的天顶。米开朗基罗所画的名作《上帝创造人》。在经过整修后，于1994年再现世人眼前时，人们发现亚当生动的脸部总共只用了极简练而精当的几笔，这一发现曾使世界震惊。那么现在该好好看一看，这个由敦煌的无名画工不过几笔就画活了的菩萨。

一切杰出的艺术都是这样：最简练的方式和最丰富的内容，构成最为出神入化的境界。

（莫高窟第249窟天宫杂伎、第254窟药叉、第290窟胡人驯马）

看吧！这里的一笔便点染出牛身的深浅与立体；这里几乎只是几个色块就使三个笃诚恬静的佛弟子站在眼前；而这里似乎就神妙了，不过用粗笔信手涂出的身影，就极生动地表现出嬉闹的孩童们的稚趣——这不仅显示画工用笔的纯熟，还说明远在中原大家梁楷开创大写意画风之前的二三百年，敦煌的画工们已经使用这种随心所欲的笔法了。

莫高窟第384窟菩萨塑像（盛唐）

（莫高窟第280窟三弟子、第238窟牛、第23窟群童和牛、宋·梁楷《泼墨仙人图》）

画工用手中的笔写神，塑工则用自己的手传神。

敦煌的壁画与泥塑相生相成，相映成辉。

在佛教艺术刚刚传入南北朝时期，敦煌画工们创造的第一批塑像，居然就是具有中国文化精神的绝世之作。

这种文化精神光彩夺目地体现在这尊佛像上。安详、坦然、自在、超逸，你从他的眼缝、面颊、嘴角乃至身姿上能清晰地读到。然而，他又有东方人特有的含而不露的气质。一种不言而喻的艺术效果，加强了观者的内心体验。

（莫高窟第259窟北壁东起第一龛佛像）

薄薄的轻纱随身垂落。塑工们究竟用什么方法，使你既感到袈裟的薄软，同时又感到他衣内体魄的健硕？

同样绝妙的手法，还用在另两身塑像上。一是表现禅僧袖手于衣下（莫高窟第285窟禅僧）；一是将苦修者袈裟里边凸起的锁骨和凹陷的肋骨也刻画出来（莫高窟第248窟佛苦修像）。

逼真的细节增强人物的真实感；绝妙的细节增强艺术感染力。

这思维菩萨的姿态十分绝妙。他左膝架着右腿，右腿架着左臂，左臂微微撑着前倾的身体。把几个支撑点重叠在一起，不仅姿态优美，重心也更加稳定，整个身体便被安排得巧妙、合理、自然和谐调。菩萨的心境也就潜入这一任自由和富于灵性的顿悟中了。

（莫高窟第257窟中心柱南向龛上层思惟菩萨）

在社会活力空前充沛的大唐，对生命真实的表现欲，促使写实主义艺术登峰造极。在中外艺术史上都有过这样一个时期——把形象的逼真，结构的准确，质感的如实，作为不遗余力的追求。由此诞生出光耀古今的艺术珍品。

（希腊和罗马雕塑名作）

这几尊菩萨真真切切地将唐代妇女有血有肉、生气盈盈的形象保存到今天。且不说她特有的丰韵、尊贵的气质和斯文的风度，就连那优雅翘起的指尖也散发着生命动人的气息。

你说，这些敦煌塑工是不是用泥土制造活人的女娲？

（莫高窟第 194 窟菩萨）

真实准确地刻画出肌肉的结构与质感、衣服的纹路与质地，也是古代艺术家崇高的艺术目标。

莫高窟第 194 窟菩萨造像（中唐）

从这尊佛像可以看出敦煌塑工雕塑衣褶技艺的高超。长长而光滑的天衣随身而落，转身折返之间，躯体的形态自然呈现。没有一点牵强，没有一点硬凑。事物的本质是自然，艺术的标准也是自然。特别是这长衣从莲台垂落下来时，在每一个莲瓣上都随形而起伏，这就将莲台优美的形态显现出来。

（莫高窟第 328 窟佛）

同样优美自然的衣褶还表现在另几尊佛、游戏坐的菩萨、迦叶和阿难身上。

（莫高窟第 320 窟佛、第 386 窟佛、第 83 窟游戏坐菩萨、第 319 窟游戏坐菩萨、第 205 窟迦叶的背部和阿难的袍身）

至于肌肉的真实，更体现塑工的技艺。

莫高窟第45窟左胁侍菩萨（盛唐）

难道只用这些普通的黄泥和白粉，就能塑造出如此白皙柔嫩、软玉温香般的肌肉，谁能道出其中的奥秘？

胸部的曲线（莫高窟第 205 窟菩萨）、背部的曲线（千像塔库藏供养菩萨）、肩部的曲线（莫高窟第 328 窟胡跪菩萨）、唇部曲线（莫高窟第 45 窟佛头），以及腰部的曲线，这些准确之极和精妙之极的肉体曲线，塑造出十分美妙的生命感觉。

胡跪的姿态为敦煌独有。它是虔诚的化身。

"S"形倚侧而立的姿势，是敦煌站立的菩萨所独有的样式。艺术帮了佛教的忙。单说这种侧倚而立的迷人姿态，就使信徒们倾倒了。

（莫高窟第 194 窟菩萨、第 45 窟菩萨、第 159 窟菩萨）

这种"S"姿态在唐以前并不明显，菩萨们差不多全都肃然直立。直到大唐，菩萨才一个个换成这种站立的姿态。有人说"S"形站姿来自印度。即使这是从印度影响而来的，也一样经过画工们的天才创造。所谓创造，就是对生命美的一种瞬间的发现、捕捉与再造。

画工们的伟大，是把生命的感觉注入佛的躯体。

为此，你从高 26 米的南大像，感受到的不仅是庞大无比的身躯，更是他博大沛然的生命力。

塑工们有意把这巨佛安排在一个狭长的空间里，面积不足 10 平方米。然后将佛头塑成 7 米之高。这样，站在底层仰面而视，可以清晰地看到佛的面部；站在顶层，又能看到一个无与伦比的巨大宏伟的佛头。你丝毫不会感到它不合比例。反而，那脸颊丰厚，五官凝重，却使你从这百倍夸张的生命体中受到强大的震撼。

（莫高窟第130窟南大像）

同样能使你体验到这种佛国威严的是天王和力士的塑像。他们作为护法与降魔的神，天王与力士的区别是，天王穿甲戴盔，力士袒胸露臂。

这尊力士像是同一题材的扛鼎之作。塑工抓住力士发威的一瞬，强调他全身遒劲的肌肉、暴胀的血管、绷紧的筋脉。一时发髻振颤，衣袂飞举，气势磅礴，威不可挡。你细看，无论身体各部分的比例，还是肌肉和骨骼的结构，都完全符合生理关系。你哪里还能从中找到他的制作原料——泥土的感觉？它分明是一个声色俱厉的生命！

（莫高窟第170窟力士）

你去摸一摸他手腕上鼓起的血管，那一准像打鼓一样有力地跳动！

在敦煌艺术中，天王力士是阳刚之气与雄健之美的象征。

如果把希腊的《掷饼者》搬来比较一下，你说哪个更使你怦然心动？

为什么《掷饼者》天下皆知，而敦煌力士却远在荒漠一隅，默默无闻？

泥塑的生命都是无声的，它们用来说话的是千姿万态的手。

佛陀的手势有严格的规范。

印，就是佛陀手的姿势。说法印。施无畏印。禅定印。与愿印。降魔印。莲花合掌印。

菩萨的手印没有严格规范。

除此观音有规定的手势之外，一般菩萨的手势各姿各态，千变万化。各种手势是各种心态，各种表示，各种各样的美。

从壁画中找出各种意味和美的手——

闲雅的、文静的、舒缓的、轻盈的、松弛的、自在的、施予的、安定的、抚慰的、活跃的、灵验的、祈望的、豁达的、无欲的、纯净的、默许的、善待的、接受的、奉献的、期待的、迎取的、甜美的、含蓄的、羞涩的、尊贵的、温馨的、宽恕的、如意的、思维的……

各种各样的手叠现的速度愈来愈快。在音乐中化为旋动中变幻无穷的舞蹈者的手。

神佛的手势是天国五彩缤纷的语言。

| 莫高窟第194窟彩塑力士像（唐）

单是敦煌的手，就构成一个世界。

如此繁华的手势，一半来自人间生活，一半来自画工们的想象。

神佛本来没有模样，全靠画工凭空臆想。佛国的一切都是人用想象创造出来的世界。想象的事物更要靠想象的形象来呈现。

平庸的想象在常人的意料之中，非凡的想象在人们的意料之外。

壁画中佛国的魅力，其实是画工非凡想象的魅力。

千形万状的形象，便从画工们的脑袋里形成，然后通过他

金刚力士像·英国不列颠博物馆藏

们的生花妙笔，活灵活现地跑到墙壁上去。

那些闻所未闻的怪异的形象，那些神奇莫测的行为举止，那些异想天开的本领，那些光怪陆离的幻梦般的景象，全是这画工们身在枯索寂寥的茫茫大漠里，一任情怀和天真烂漫的痴想。

在这里，只有相同的题材与格式，没有相同的情感与形象。没有人计算过壁画中究竟有多少人物形象，也没有人从中找到过神态完全相同的两张脸。任何有生命的事物都是具有个性的，彼此间不会相同。看吧——

各种各样神佛形象。

（释迦牟尼佛。三世佛。七世佛。弥勒佛。阿弥陀佛。观音。大势至。文殊。普贤。地藏。天龙八部。帝释天妃。罗汉。比丘。天女。羽人。雷公。飞廉。伏羲。女娲等等）

各种各样的佛传故事画。

（乘象入胎。树下诞生。仙人占相。太子读书。太子比武。掷珠定亲。太子迎亲。出城游观。夜半逾城。树下

苦修等）

各种各样的佛本生故事画。

（月光王施头。快目王施眼。萨土垂 太子舍身饲虎。尸毗王割肉贸鸽。九色鹿本生。须摩堤本生。善友太子入海。五百强盗成佛。微妙比丘尼等）

各种各样的经变画。

（西方净土变。法华经变。文殊变。不空羂索观音变。天请问经变。观无量寿佛经变。报父母恩重经变。金光明经变。贤愚经变。药师经变。维摩诘经变。毗沙门天王赴哪吒会。梵网经变。楞伽经变。瑞像图。炽盛光佛经变、地藏与十王厅。九横死，十二大愿。劳度叉斗圣经变。佛顶尊胜陀罗尼经变。金刚经变等）

各种各样的瑞像。

各种各样的飞天。

各种各样的窟顶和窟顶中心的藻井。

藻井如同西方教顶的窟顶。它是天空中最深远的地方。

于是，画工叫飞天在那里游弋徜徉，叫兔子在那里相互追逐，叫金龙在那里狂舞飞旋，还叫奇花异卉在那里灿然开放。

（莫高窟第397、393、394、392、380、322、396、398、209、372、123、9、14、79、61、234、326等窟藻井）

藻井四周的窟顶天空，最庄重华贵的一种要算"千佛"图像了。宛如无数彩色画片镶嵌上去的同等大小的佛像，工工整整铺满洞天，显示佛本无穷的意义。画工们有意用几种不同底色的画面，按照一定规律相互错开，以使天空灵动活跃起来。

（莫高窟第94窟窟顶、第390窟窟顶、第407窟西壁、第427窟窟顶及墙壁、第311窟窟顶）

表现千佛题材的另一种方式是"影塑"。

这就是先用模子翻制一些浮雕式的泥片佛像，着色敷彩后，贴在墙壁或佛龛周围。

（莫高窟第251、437、288、248等窟）

在洞窟中，泥塑是立体的，壁画是平面的，这种浮雕式的影塑就成了一种过渡。由于影塑在立体的雕塑和平面的壁画中间起到谐调与中和的作用，整个洞窟的各种艺术形式便浑然成为一体了。

敦煌画工的艺术感觉和创造力令人惊异。

从中国绘画史的角度看，敦煌画工的许多创造，实际上领先于中原。

比如，采用连环画、通屏和对屏形式，就是敦煌画最先做出的创造。

（莫高窟第257窟西壁中层连环画、第98窟北壁联屏画、第148窟东壁南侧立轴连环画）

再比如，敦煌画工早在唐代，便在画面上大量使用墨书榜题，写上供养人题记。然而对于中原画坛来说，这种在画面上题写文字的方式，直至宋代才初露端倪。

（莫高窟第285窟北壁上层、第85窟南壁、第23窟北壁西侧、第45窟南壁西侧和南壁东侧等、宋代苏轼与文同的绘画作品）

柏孜克里克石窟千佛洞壁画（高昌时期）

| 莫高窟第61窟（五代）

中国画的透视方法，被公认是一种散点透视法。但在敦煌的一些大型经变画中却常常使用焦点透视法。这在画面内的建筑上表现得尤为明显。

（莫高窟第159窟南壁、第148窟东壁南侧、第148窟东壁北侧。第172窟北壁等）

在唐代，中原绘画处于勃兴期，朴拙有余，成熟不足，构图能力尚且有限。可是敦煌画工却能经营出如此盛大场面的巨型画作。结构错综复杂，人群相互遮翳，景物与人物混同一起。然而，层次明晰，疏密有致，张弛合度，繁而不乱。重重叠叠，浩浩荡荡，更显天国华贵无上之盛况。

（莫高窟第161窟窟顶、第217窟窟顶、第138窟东壁北侧、第

莫高窟第217窟内景（初唐）

9窟窟顶、第179窟东壁北侧等）

我们真是对这些画工塑匠的才华钦佩之极！

虽然明知得不到回答，心中还是不住发问：到底这作者姓甚名谁？

翻开画史，上边只有吴道子和李思训的名字。可是吴道子、李思训等名家大师所画的壁画都是在室内明亮的墙壁上，而这里所有的画却是在漆黑沉闷的洞窟里完成的。

幽闭漆黑的洞窟中，他们一手举着小油灯，一手执笔。就在这被灯光照得忽明忽暗、淡淡发亮的墙壁上，画出那些令世人惊愕不已、匪夷所思的壁画。

埃及人用金属片的反光，把沙漠酷烈的日光反射到深深的地下墓室里，来为作画照明；中国人依靠的则是他们日常生活的油灯。

（埃及卢克索国王谷的墓室壁画）

在这依稀晦暗的光线里，他们是怎样结构如此繁复谨严、华美浓烈的藻井？怎样布置出如此宏伟浩大的场面？

至于那些楼台殿阁上的横线，可以使用一种带槽口的界尺来画，但这些长长的垂直而下的衣纹呢？

在壁上作画与在桌上作画截然不同。在桌上作画，悬腕悬肘是主动的，为了便于挥洒，腕部与肘部都可以360度地旋转；但在壁上作画，悬腕悬肘是被动的，因为腕部无处依附，也无法随心所欲地转动；肩部还需要很强的持久力，以使手臂悬空作画时保持平稳。尤其画那种垂直下来的长线，手腕无法弯曲到90度以上，一条线如何画到底，而且如此潇洒流畅？

那墙根和佛坛底座上的图画呢？难道他们趴在地上来画？趴在地上又怎么画？

你是否知道，他们使用的工具，竟然只是这些简易的陶碟、木杆毛笔、油灯、粗糙的颜料？

（兰州和敦煌博物馆所藏三足砚、丸墨、"白马作"笔。敦煌石窟文物保护研究陈列中所藏油灯、陶碗、笔纸）

莫高窟最北边是这些画工们居住的洞窟。这些洞窟十分狭小低矮，矮得只能藏身罢了。

外边是绝无人迹的戈壁滩。

只有风沙经常闯进洞窟里来串门。

在洞中，孤独难耐，饥寒交迫，如身陷绝境。往往一个洞窟的壁画，需要几代画工才能完成。画工死在洞里也是常有的事。

最早一批来到敦煌的学者与艺术家，曾经在一个洞窟里发现一个画工的尸体,遗体早已干枯,身上盖一张画稿。大概由于积劳成疾而死在洞中,其他画工把他草草埋葬,没有棺木,没有装裹,连破烂的布单和草席也没有,竟然只在他身上盖了一张画稿!画工们的艰辛贫困可想而知!

如果他们仅仅是为了温饱才到这里作画,他们的笔下又怎么会如此热情饱满、浪漫多情、灿烂光华?

在古代世界,身居都市中心和文化中心的艺术家,都是声名赫赫,光彩照人;而地处边远的艺术家则不为人知,无声无息,如同隐姓埋名,最后被历史所遗忘。然而历史是有心的。它毕竟把这些伟大的艺术品保存到了今天。那些被遗忘的艺术家其实就站在每一幅佚名的杰作后边。谁能把这些才华横溢的民间大师们请到艺术史的台前来?

幸亏克孜尔石窟壁画上有一位画工的形象,使我们能够领

莫高窟45窟北壁十六观(盛唐)

榆林窟第3窟西壁南侧普贤变（西夏）

第八集 ◎ 无名的大师们

略到他们迷人的风采。

（克孜尔石窟第207窟）

一千年间，所有的画工都是在油灯照亮的一小块墙壁上作画的。他们之中没人见过满窟通明的景象。那就让这一切大放光彩吧！

这些被强光照亮的壁画中，有历代精品、精品的细节，还有史小玉的绝世之作——震动人心的千手观音。

在画面上用语言表述——

人类艺术史不断证实一个事实，伟大的艺术家们都是只身守着孤寂，留给后世辉煌。

人生不曾厚待他们；历史却记住他们。

苍凉枯索的大漠风光。莫高窟大雪纷飞中的远景。云。孤鹰。

请他们接受一个并不空洞而灿烂夺目的名字——无名的大师们吧！

任何一幅杰出的作品，都是艺术家真正的最形象的名字。所以，这些伟大的画工们才带走姓名，留下了作品。

真正懂得艺术和艺术史的还是他们！

镜头如在大漠上茫然而飘忽地飞行。突然大漠裂开，现出一条湍急的宕泉。岸边山崖排满洞窟。

（字幕：敦煌莫高窟）

镜头又一次在大漠上空飞行。大漠骤然裂开，出现高峡深谷，两岸崖壁上高高矮矮许多洞窟。

（字幕：安西榆林窟）

镜头再一次在大漠上空飞行。大漠忽然裂开，一条碧绿深谷溪流呈现出来。峡谷两边也都是洞窟。

（字幕：敦煌西千佛洞）

这景色十分绮丽，开凿者使它更加雄伟壮观。

请记住吧——

为我们创造了敦煌石窟的这千千万万无名却永恒的大师们！

在千手观音图各个细部不断迭现的画面中。

（本集终）

第九集 时光倒流一千年

几本厚厚的黑白印刷的《敦煌石窟图录》，逐页翻动，随后停在了第 61 号窟《五台山图》上。镜头向图册推动的过程中，画面由黑白转为彩色。

(《敦煌石窟图录》六卷本〔法〕伯希和编印）

20 世纪 30 年代初，我国的建筑学家梁思成教授一见到这无比丰富的图画，立即被迷住了。

这是世界上罕见的最古老和巨大的形象地图之一。

(字幕：宽 13.45 米，高 3.42 米，面积 45 平方米)

这地图的准确性简直不可思议。沿着画面上的路线，无论从山西太原，还是始自河北镇州（正定），翻过高山深壑，跨过急涧荒滩，途经城关险要，观瞻古刹名寺，

莫高窟第61窟五台山图局部（五代）

最终都会抵达当时中原的佛教圣地五台山。

（壁画上的各地图像与当今此地的景象重叠出现。地点次序为：山西太原，白杨店，石崖关，忻州定襄县，河东道山门西南路，五台县，五台山；河北镇州，柳泉店，龙泉店，永昌之县，石觜关镇，青阳之岭，河北道山门东南路，五台山）

当时，梁思成教授在这壁画形形色色的庙宇寺塔中，发现了一座优雅的寺院——大佛光寺。寺院古朴而奇特的形态令他神往。还有一座玲珑剔透的亭阁式宝塔更是见所未见。转年夏天，他到五台山考察时，出乎意料的是居然找到了这座寺庙和宝塔，而且还发现佛光寺和南禅寺的大殿，都是珍稀罕世的千年遗存。由于这一发现，佛光寺被国际建筑界称作"亚洲佛光"。

（梁思成和夫人林徽因骑驴上五台山。佛光寺石柱上的纪年：唐大中十年）

《五台山图》的价值真是无法估计！

在那遥远大漠洞窟里的壁画，怎么会这样的真实、确切和可信?

如果今天按照这图画的标示,从河北正定城或山西太原走到五台山,中途也不会迷失!

它令梁思成教授惊异不已。然而,梁思成的这种感受仅仅局限在他的建筑专业上。

在《五台山图》所描绘的方圆五百里的土地上,除去寺院、庐庵、兰若、凉亭、宝塔、城池、宅院、民居近200处各种建筑之外,还有穿梭其间的各种各样的人物。包括僧人、信徒、官人、随从、兵弁、农夫、马夫、挑夫、店主、商贾、游客,以及各色百姓共计428人!

我们无法像梁思成教授寻觅佛光寺那样,找到这些久已消失的古人。我们也无须那样去做。

有了这幅画就足够了!站在这幅画前边,你会强烈地感受到,时光真的能倒流,历史也可以归返。一千年前的众生形象与社会风光,全都有声有色、饶有情致地迎头来到你的面前。

莫高窟第290窟胡人驯马图

繁峙县岩山寺壁画·酒楼图局部（金代）

不要以为敦煌石窟里全是佛国景象、臆造天地与理想世界的图画。由于一切形象与色彩全都是通过画工的手，就一定会流溢出人间的气息来。

特别是当那些抽象又空洞的佛国故事，需要以活生生的形象语言表达时，画工们必然要去调动自己有血有肉的生活印象和生活内容。现实便十分自然地走上了壁画。于是，从今天来看，那些过往不复、无处觅求的生活画面，却在这里被千姿百态、栩栩如生地保留下来了。

农耕的景象在敦煌石窟中出现得最多。

农耕最直接地关系到人们的生活状况。由于佛教的《弥勒经变》对未来的极乐世界有"一种七收"——即播种一次，收获七次的说法，农耕的画面自然成了用来表现这种宗教理想的最有表现力的细节。

在敦煌石窟中，这一画面有80幅之多。

从耕地、播种、扬粪土、耱地、锄草、收割、捆草，到扬场、掠场、簸粮、装袋、拉运和归仓。

（莫高窟第 296、148、205、61、55、186、196、9、12、98、41 窟和榆林窟第 25、38、40 等窟）

最精彩的画面是这样——

右边在犁耕和播种，左边在收割；上边则是收获场面，男子撩动六齿杈扬场，女子挥舞大扫帚掠场。三个不同时节的农家劳作组成一幅生机勃勃的全景图画。说来是"一种七收"的佛教理想，看上去却分明是河西生活真切的写照。

（榆林窟第 25 窟《耕获图》）

尤其是这幅《雨中耕作图》（莫高窟第 23 窟），空中乌云滚动，地上大雨滂沱，耕夫挥鞭驾辕，从容自得。对于缺少雨水的河西，这幅画表现出一种真切动人的生活情感。

生活情感比起生活内容，是更深切的生活。

然而，从农业技术发展史的角度看，这幅图画还有另一层意义。

画面中农夫使用的犁是曲辕犁，它比旧式的直辕犁灵活、轻便、架小，调节犁地深浅的能力强，而且只需一头牛便可挽拉，节省了畜力。这画面的珍贵性在于，它形象地证实我国至迟 8 世纪就发明和掌握这一农具了。

具有同样非凡的农业技术发展史意义的是这个三脚耧的形象（莫高窟第 454 窟）。它也是出现在《弥勒经变》"一种七收"的情节中。

这种三脚耧是一种播种机。一边犁地，一边将种子通过空心的漏斗撒下，同时能完成开沟、下种、覆斗三道工序，而且

莫高窟第23窟北壁耕作图（盛唐）

一次可以播种三行，行距相等。这实际上是现代播种机的雏形。

远在三国时期，关心农业的皇甫隆任敦煌太守时，就教给当地农民使用这种智能化的农具。时期在公元3世纪。而直到18世纪，三脚耧才传入欧洲。这幅画对于了解古代中国这一高超农业技术来说，便是极为宝贵的资料。

应有尽有的农耕工具，给我们描绘了令人自豪的农业文明。

（从壁画中摄取以下农具形象：铁铧、耙耱、碌碡、连枷、锄头、铁锨、杈、飏篮、簸箕、木斗、升子、扁担，等等。同样的出土文物与现实生活中依然使用的农具）

用木锨把粮食扬到空中，借风力吹去杂物，这是有力气的男人们的事。（莫高窟第186、240等窟）

高高站在三脚凳上，用飏篮簸出谷粒来，这是勤恳的女人们的事。（莫高窟第148、156、232、240等窟）

使用连枷脱粒归仓的农人们，是不是还在不停地哼着歌儿，唱出心中的喜悦吧？（莫高窟第141、186、156窟等）

收获之后，舂米和磨面是接续下来的喜气洋洋的生活图画。在这两样劳作中，也包含着农业技术的内涵。

我国最早舂米是双臂举杵舂米（四川彭县太平乡出土画像砖）。后来，聪明的农民想了个好办法，动用杠杆原理，造出一个机械装置，借用身体力量，踏碓舂米，这样既省力又出效率（莫高窟第61窟）。你看，舂米的人站立操作，双手扶架，足踏扛板，多么平稳自如。到了西夏时代，这工具又有了改进，作为支柱的木杠被进一步改成自由活动的木轴，操作时轴木随同踏板灵活运动，非常舒适，这样舂出的米自然又多又好。

另一种把粒状粮食变为粉状食物的工具是石磨。我国石磨的使用比欧洲早1400年。《五台山图》（莫高窟第61窟）上有两人推磨的情节。这幅壁画粉本来自中原，大致可以认定这是当时中原推磨的风貌。而此时，石磨在敦煌已经被普遍使用。它们自然也会被反映到对现实生活异常敏感的壁画上来。果然，你看，推磨的画面出现了！而且十分珍贵。这两位婢女使用的竟是曲柄转动手推磨！如果没有这个画面，我们对中古时代手推磨的认识绝对不会这样一目了然！

（莫高窟第321窟《宝雨经变》）

在唐代以前，壁画的内容大多是外来的佛教经典与传说。画工们不了解异国生活，只能用中国人的生活形象来表现，这就不免生硬与牵强。然而，在唐代却发生了巨大的转变。现实生活不但一下子涌到墙壁上，而且与佛国世界融为一体。这原因，如果从佛教本身来说，是由于大乘佛教的推广，是佛教的世俗化与人情化所必需的；如果从现实生活来说，则是由于大唐生活的魅力和科技发展的蓬勃。

人类的敦煌 RENLEI DE DUNHUANG

莫高窟第62窟东壁北侧下部女供养人与牛车（隋）

生活到处散发着光彩，而这光彩首先是转化到画家的笔下。

经变画的出现，使得佛教与现实这两方面的要求都得到满足与施展。这种纯粹中国式的佛教故事画，需要大量的现实内容来吸引信男信女。这样一来，一方面是佛国的全景图景，一方面成了生活的百科全书。

所有在生活存在过的，至今仍然在这里存在。

首先是河西特有的一切。

莽原与丘陵（莫高窟第62、209等窟）。奇异的景色（莫高窟第320窟日出等）。险峻的栈道（莫高窟第98窟）。野兽出没的山林（莫高窟第285、303等窟）。威猛的虎（莫高窟第285窟）。饥饿的狼（莫高窟第296窟）。轻灵的鹿（莫高窟第159、302等窟）。机警的猴子（莫高窟第285窟）。飞翔的野鹅（莫高窟第285等窟）。豪壮的野牛（莫高窟第285等窟）。人在这样的大自然环境里，狩猎便是最具顽强精神的生存方式。

（莫高窟第 245、285、296、299、98、249 等窟）

这种弱肉强食的原始场面，常常闪现在早期的敦煌壁画中。但是隋唐以后便渐渐消失了。代之而来的是愈来愈浓郁的人间烟火。就这样，敦煌的地域生活发生了悄悄而深刻的变化。

与这里的人关系最密切的是牛、马和骆驼。

牛的职能是耕地和拉车；马既是载重工具，又是最得力的坐骑；骆驼的差事单一又艰辛，它们终生都在承受着长途运输的苦旅。于是，这些牛、马、骆驼，由始至终，络绎不绝地在莫高窟的墙壁上走了一千年。

它们是人的生存伴侣，所以它们的形象分外丰富有趣。

行走的马（莫高窟第 103、61、156、146 等窟）。行走的牛（莫高窟第 61、238 等窟）。钉掌的马（莫高窟第 302 等窟）。吃草的牛（莫高窟第 238 等窟）。受驯的马（莫高窟第 290、465 等窟）。歇憩的马（莫高窟第 431、98 等窟）。歇憩的牛（莫高窟第 146 等窟）。运货的马（莫高窟第 192、45、303 等窟）。运货的牛（莫高窟第 98 窟）。运货的骆驼（莫高窟第 192、302 等窟）。受惊的马（莫高窟第 61 等窟）。发脾气的牛（莫高窟第 61 等窟）。慢走的马（莫高窟第 98 等窟）。轻快奔走的马（莫高窟第 61 等窟）。飞驰如风的马（莫高窟第 61、285、428 等窟），等等。

在那个时代，人们把最辛苦的事全推给了牲畜们。它们的艰辛可想而知。尤其在干燥难耐的西北，饮水成了它们的一种享受，看上去也是一种迷人的图画（莫高窟第 296 窟饮水的骆驼。第 420 窟饮水的马）。那些苦命的骆驼身大体笨，重负如山，逢到道路陡峭，迟疑欲止之时，就要被轰赶着竭力攀登（莫高窟

莫高窟第249窟北顶狩猎图（西魏）

第61等窟）。有时不免失足跌落下来。画工们带着同情的笔，连它们患病灌药的可怜样子也记录下来了（莫高窟第420等窟）。

牛的形象闲适憨直，生动可爱。这表明牛与人亲切的关系。它除了拉犁耕地，还是最得力的短程交通工具；牛肉是美味的食品，牛奶是强身的饮料，牛皮是制靴既耐用又美观的材料。

所以，壁画上的公牛、母牛、小牛，以及吃奶的牛犊的形象，一应俱全。据说敦煌石窟里有几百头各种各样的牛。

这幅《挤奶图》（莫高窟第159窟）画着一个女人给母牛挤奶，小牛犊看见也要吃，尽管它给人硬扯着，仍然用力去挣。一个富于幽默感的情节，把整个中古时代生气盈盈的农家生活全呼唤来了。

（莫高窟第9、51窟。榆林窟第23窟挤奶图）

马似乎最受宠爱。坐骑与骑者是一个难以分开的完整的形象，它带着骑者的风度与气质。将士的战马身形矫健，骠悍威风（莫高窟第321、21等窟）；达官贵人的坐骑雍容华贵，神采奕奕（莫高窟第156、257、428等窟）；连随从的马队与驾车的驷马也是威风八面。此外还有驿马、铠马、猎骑和驮经的白马，无一不是骏逸雄美，气宇轩昂。

马，从来就是北方游牧民族的生命之本。或者说，在茫茫大漠与草原上，游牧民族的生存的一切，乃至生命，都紧紧系在马背上。在河西这块古来的征战之地，无论汉帝唐王，还是匈奴、乌孙、突厥、鲜卑，莫不以战骑的强弱，征兆着权力的兴衰。由此看来，被精细的画工们画在马身上的每一个细节，都不是可有可无，甚至还会攸关一个民族的命运。

首先是挽具这个细节。

挽具是套在马身上、用来牵拉马的器具。马的挽具比牛的挽具更难以解决。牛的肩背上有隆起的肌肉，可以抵住挽具，马却没有。光溜溜的马背上拴不住任何东西。古代欧洲一直使用一种颈前肚带挽具。但这种挽具很糟糕，它的拉力依赖马背，

莫高窟第428窟
策马报信（北周）

容易使马的气管闭塞,从而不能畅快地奔驰。中国人发明的肩式挽具,拉力来自马的臀部,还有一种胸式挽具,拉力来自马的胸部,它们都比古代欧洲的挽具高明得多。如果当时欧洲人和中国人赛马,保准会给远远甩在后边。

在中国,胸式挽具早在公元前就成为骑士们得心应手的驾驭工具;肩式挽具至迟到公元5世纪就已广泛流行了。莫高窟为此提供了确凿的证据。

你注意这"鹿本生故事"中的马(莫高窟第257、290等窟),不是已经套上这肩式挽具了吗?在唐代,马的肩部还安上一个环形的垫子,仿佛牛的肩隆,这样就更加合理和实用(莫高窟第156等窟)。你是否知道,这种智慧的挽具过了差不多十个世纪才在欧洲出现!

为此,英国科技史学家李约瑟有一段精彩的话:

"大约公元6世纪,这些石窟壁画上就有肩式挽具,也有胸带挽具。这清楚地告诉我们,有效的挽具在公元400至1000年之间传到欧洲。那些认为每件物品都来自欧洲,'伟大的白种人'是地球上最优秀的民族而天生就聪明的人应当学一点历史,以便承认欧洲引以为骄傲的许多东西原本并不是在欧洲产生的。"

(挽具和被驾驭的马)

再有一个关于马的细节,是马镫。

在公元前亚历山大率军东征,横扫中亚大地时,他的将士们的双腿是在马腹的两边空荡荡地悬垂着,没有任何支撑。他们靠着大腿的力量,用力夹住猛烈颠簸的马,以保持自身的稳定。这种艰辛可以料想。然而最早想到在马腹的两边各垂一条绳索,

莫高窟第296窟南壁五百强盗成佛图（北周）

拴上一个金属马镫来支撑双腿的也是中国人（长沙出土西晋永宁二年陶俑）。所以，在早期敦煌壁画中马的身上，我们就能看到这可爱的马镫了。如果细心留意，还能发现马镫逐渐变厚，形状变得更加合理——这种不断改进和发展的过程。

（莫高窟第329、130、217、431、159、100等窟）

不要小看了这个小小的马镫。林恩·怀特说："只有极少数的发明像马镫这样简单，对历史却产生如此催化剂的作用。"

中国的马镫，肯定是先由那些西迁的民族传到西亚的土耳其，然后再传到古罗马帝国的。

李约瑟把马镫对欧洲历史的神奇作用，以一句话揭示出来："就像火药在最后阶段帮助摧毁了欧洲封建制度一样，中国的马镫在最初阶段帮助了欧洲封建制度的建立。"

欧洲人是踩着中国人的马镫进入了骑士时代的。

（复原欧洲中世纪的骑士景象）

这些欧洲骑士用来保护坐骑的马具装铠,也来自中国。中国的铠马最早应用于三国时期曹操与袁绍的一场战争。当时,还只是用皮革和金属制成的遮挡马的胸脯与头部的护具。到了南北朝时期,中国的先人就把它改造成实用与科学的防御性战具了。

你看,它整个套在马的身上。只露出必须露出的部位。下身露出四条腿,便于奔跑;头部开了孔,露出眼睛、耳朵和用来喘气的鼻孔与嘴巴。全身都是活动的金属甲片,不妨碍马的任何行动。头顶安着插座,插上一束鲜亮的缨毛。看上去,威武雄壮,不可抵挡,逢到冲锋陷阵时,简直就是一辆无坚不摧的古代战车。

(莫高窟第285、296等窟)

这种铠马大都用来表现《大方便佛报恩经·慈品》和《大般涅槃经》的"五百强盗成佛"的故事。官军连人带马,浑身

莫高窟第257窟西壁
鹿王本生图(北魏)

甲胄；强盗则短衣短刀，徒步相搏。这无意却叫我们看到了当时河西走廊上重装骑兵与轻装步兵的激战场面。然而，画工们哪会知道，这些画面是今天唯一可以看到的古代铠马的形象资料！

| 牧马图·韩干（唐）

战争是古代河西的生存内容之一。兵器则是这一内容的关键性细节。莫高窟壁画中的兵器至少有几十种。

刀、枪、戟、剑、矛、金刚杵、锡杖、斧钺、盾牌等（莫高窟第 285、284、217、263、332、420 等窟。榆林窟第 3 窟）。箭弩，既是狩猎的利器，又是平原作战最有力的远射兵器。壁画中对箭的细部以及骑射场面，都描写得细致丰富。

（莫高窟第 130、240、290、346、428 等窟。敦煌地区出土的弓箭。出土箭镞时的情景）

这兵士在纵骑中，俯身挽弓，射向箭靶，一个十分典型的古代军旅生活场景的真实写照。尤其对将士们高超射术的刻画，洋溢着边塞生活中一种特有的尚武精神和英雄气息。

兵器的制造，直接来源于冶铁技术。

这幅"锻铁图"画着一师一徒正在叮叮当当地起劲捶打着烧红的铁块。常年舞锤的师傅肌强肉壮。他身后一人操纵着一台双扇木风箱。请注意这木风箱：立式，梯形，显然为了竖立稳定。这人手握横杆一推一拉，两扇木制活板有节奏地一开一合，把风源源不断鼓入炉火。我国使用这种木风扇鼓风机来进行冶铁，比欧洲早了至少5个世纪。但对古代冶铁如此准确的描绘，首先是在敦煌石窟之中。

（榆林窟第3窟。莫高窟第465窟）

在我国，最常见的使用机械原理来进行生产的工具是纺车与织机。

古代农家生活是由耕和织两大样构成的。

（清乾隆《耕织图》。织机织布和纺车纺线的演示）

耕为了吃；织为了穿。纺车与织机进入壁画便最自然不过。有趣的是，它被画在这仅仅三厘米的小圆圈里。如果不是我们摄像机镜头的特意寻找，你绝对不会发现。

（莫高窟第6、98、465等窟）

河西与中原不同，这里的畜牧业发达，捻毛线的画面在其他地方的壁画中是很难见到的。

（莫高窟第465窟）

这些毛线染成五颜六色，再织成美丽迷人的毛毯与花毡。从秦汉开始，西北的毛织品已是独具风光。

从这个角度看，敦煌石窟又是西北毛毯的博览会。从净土世界中舞伎脚下的小圆毯、天国乐队坐席的花毡，到女供养人脚踏的大小的地毯，图案各异，花团锦簇，极尽华美。特别是隋唐以来，不单西北各族的供养人脚下必有一块图案精美的毛毯，汉族的供养人也争相效法，蔚然成风。整个敦煌石窟的毛毯花毡多至两千块之上，西北风情，跃然壁上！

（从壁画中摘取多种毡毯）

图案是西北各民族喜爱的装饰，人们更喜欢把它们展示在自己的服装上。

榆林窟第3窟东壁南侧锻铁图（西夏）

《都督夫人太原王氏礼佛图》（莫高窟第130窟）中的12位美女，一律是繁花似锦的靓丽衣装。站在宝辇下的第一位王夫人艳丽多彩，通身绣花；紧随其后的第二位女子十一娘碧裙朱衫，艳美至极；第三位女子十三娘崇尚典雅，绣工精巧，花样新颖别致。余下女子，五彩缤纷，真好比一大簇鲜花。

图案的新奇与考究显示豪门的富有。

（莫高窟第156窟敕赐锦，第138窟女供养人花兽织锦，第12窟染缬图案，第9窟染缬披帛图案，第402、407、425窟连珠对马纹、忍冬花鸟纹，以及晚唐各大窟女供养人衣裙纹样）

这些阔绰的供养人往往叫画工把最瑰丽的、最流行的图案画在他们尊崇的佛陀身上。所以，在佛的袈裟与菩萨的天衣上，常常可以见识到当时盛行的"时世妆"。

（莫高窟第427窟菩萨提花织物天衣，第244窟释迦牟尼绿地团花锦袈裟，第420窟菩萨衣裙的联珠飞马狩猎纹锦，第427窟菩萨天衣联珠忍冬莲花锦和织金锦，第427窟菱形狮凤锦，第159窟彩

山西高平开化寺壁画·观织图

塑阿难，迦叶与菩萨的衣裙，第205窟迦叶山水田相衣，还有石榴纹、宝相纹、方胜纹、练雀纹、雁纹、鸳鸯纹、狻猊纹、翔凤纹、团花纹，等等）

在壁画中，不仅仅能了解到豪门望族的意趣与审美，还能一览他们活脱脱的生活景象——

出游时威风与气派。连牛马车轿也是豪华无比。

（莫高窟第156窟出行图，第196窟出行图，第148窟驷马车，第100窟马队和牛车，第196窟坐车，第186、202、205、322、156窟彩轿等）

婚礼时铺张与繁缛。当然，用一双大雁来表达对情感矢志不渝的民俗也是不可缺少。

（莫高窟第445、148、360、85、12等窟。榆林窟第25、38等窟）

日常生活的画面。比如化妆、剃度、弹琴、闲话、游春、穿衣、试衣、照镜，等等。时光早已流逝，情景历历在目。

（莫高窟第156、189、85、9、55等窟）

清晨时分，女婢们托着漆奁和衣服为主人梳洗，而紧张忙碌的气氛，也使你强烈感受到了。

（莫高窟第107窟）

只要有供养人，就有女婢男仆侍立一旁。从主仆之间极大的身高差距，你还能感受到奴婢们那个卑微幽闭的世界的气息。

（莫高窟第321、12、409、332等窟）

贵族的庭院，清雅安适，绿荫宜人。

（莫高窟第9、361、23、45等窟）

最具典型意味的大户宅院是这种样子。

（莫高窟第85、98、159等窟）

青脊粉墙内，层层院落相隔，条条回廊相通，大大小小的房舍与高高矮矮的花树，构成一个安宁又深邃的环境。这里可以小坐闲话，那里可以设坛讲经。房舍一侧，是草房马厩。土夯的围墙纯属河西的特色。马厩相当于今日的车库。草丰马壮是生活殷足的象征。尽管这是在描述《法华经变》的一个故事，河西大户的生活实况却叫我们一目了然。

敦煌石窟展现的建筑非常丰富。从宫廷建筑和佛教建筑，到式样繁多的民居；从城池要塞，到小小的茅屋草舍。从庭院园林，到市曹郊野的道路桥梁。敦煌壁画又称得上古建筑的图像大观。

莫高窟第85窟维摩经变外国王子群像（唐）

宫廷建筑大多出现在大型经变画《净土变》《观无量寿经变》《弥勒变》中，充任佛国的梵宫。从这些繁复无比、结构宏大的宫殿建筑群，可以领略到如今无处可见的唐宋时代皇家建筑的气势与富丽。

（莫高窟第 159、172、431、217、100、231 等窟）

佛教建筑是壁画中的主角，都是写实的。从中能直接看到当时寺院特有的样式与风貌。

（莫高窟第 61、148、248 等窟）

至于千姿万态的民居，则是最朴素、最本质、最生动的生活形态了。

（莫高窟第 45、61、98、171、172、290、285、296、420 等窟）

从中还可以获知当时的建筑水准与高超技艺。画工们的工作与建筑有密切关系，所以不仅许多施工的场面被描绘下来，连工人干活的器具也被一样样刻画出来。

（莫高窟第 302、213、321、372、72、285、386、98、445 等窟施工图和工具）

画工们最熟悉和热爱的生活，还是自己的生活。只要佛经故事给他们一个机会和可能，他们必定会在这天国的缝隙中，叫生活的碧草鲜花夺目而芬芳地开放。

在佛本生故事《尸毗王割肉贸鸽》中，主要是表现尸毗王割下自己的肉喂鹰来拯救鸽子，并没有天平或秤这类东西。但故事中有一个情节说，尸毗王必须拿出与鸽子相等重量的肉来。聪明的画工便抓住这个情节，把日常使用的称肉的天平塞了进来。于是，叫我们看到了一千多年前称重的衡器。

（莫高窟第 174、138、254、278 等窟）

在《福田经变》的"广施七法"中，七法之三是"常施医药救众病"。这就给了画工一个好机会，使他们能够施展才能，将生活中种种出诊行医的景象都活灵活现地画在墙壁上。

（莫高窟第 296、302、321、217 等窟）

在《千手眼观音变》中，要表现观音的法力无边。于是，民间画工就把各种民间绝技、新奇工具、科技发明，一股脑地搬到观音的手上。这幅"酿酒图"证实了一个了不起的事实：世界最早的制造高浓度烧酒的蒸馏器的图像，就在这个千手观音的其中一只手上。

（榆林窟第3窟）

身在中西交通要道上的画工们，向来对于新奇的事物抱着浓厚的兴趣，并总是兴致勃勃

榆林窟第75窟婚嫁图

地把它们画在壁画中。由西亚和埃及传来亮晶晶透明的玻璃器具，在这里常常是佛国的法器。大约有85件玻璃器皿，光芒璀璨地分布在隋唐以来的洞窟中。从中亚传入的胡床，俗称马扎子，成了壁画上最时髦的家具（莫高窟第257窟胡床）。而自西域传入的葡萄，由于具有"果实累累"的象征意味，一直是石窟中最乍眼的图像之一——（莫高窟209、211、322、444等窟），和葡萄一样时髦和受宠的图案，还有极具异域情调的波斯萨珊风格的纹样。

这些波斯纹样包括联珠狩猎纹（莫高窟第420窟），双马联珠纹（莫高窟第277窟），以及飞马纹、柿蒂纹、雁含威仪纹、禽盖互变纹等等（莫高窟第425、402、420窟）。

使人不解的是，那驮水的大象真的来过河西？

（莫高窟第154窟）

敦煌处在亚洲大陆腹地，视野之内从无海船。然而在"善友太子入海寻宝"等故事中却出现了大小一百多只舟船的形象。有扬帆渡海的单桅大船（莫高窟第45窟），有虎头船（莫高窟第238窟），还有方头方尾船、方头尖尾船、双尖尾船、楼船，等等（莫高窟第205、12、14、238、55、454等窟）。在这形形色色的舟船中，有江船、河船，也有海船。海船的形象肯定出自中原传来的粉本。然而，它依旧令我们感受到早期航海事业中先人们的气象与气魄。

至于那些式样非常怪异的船（莫高窟第203窟的圆形船。榆林3窟的方头翘尾船），肯定有它非同寻常的来头。

在敦煌壁画中，还有无以数计的形象，无以名之。它显示了一千年生活的多彩、神秘、丰富、创造性和浩瀚无穷，同时也表现了画工们对生活的敏感、广泛的兴趣和捕捉力，以及充沛的艺术热情。

这些莫解的形象有待考证。当然，也有的被一个个考证出来。

那个多次在壁画中出现的火池，不就被考证出是远在尼泊尔境内的一个石油池吗？将来会不会由此找到一块大油田？

（莫高窟第237、33、231、98等窟）

好了，当你把这些来自生活的事物与形象收集起来，就会

莫高窟第45窟 南壁西侧 观音救海难图（盛唐）

惊讶地发现，佛国中原来包藏着一个博大辽阔的现实世界，一个全景社会，一个斑斓的众生相。

画面重叠各种各样的人物——

耕地的、收割的、播种的、扬场的、养鸡的、养鸭的、放牛的、牵牛的、骑牛的、骑马的、骑骆驼的、拉车的、盖房的、修佛的、推磨的、凿磨的、汲水的、网鱼的、行医的、制陶的、跳舞的、弹琴的、下棋的、行乞的、饮酒的、制靴的、制皮的、舂米的、酿酒的、驯虎的、狩猎的、操练的、作战的、射箭的、相扑的、伐木的、行船的、拉纤的、担挑的、织布的、宰牛的、杀驼的、挤奶的、剃头的、讲经的、拜佛的、行商的、耍艺的、送饭的、吃饭的、吃斋的、恋爱的、沐浴的、拉屎的、刷牙的……

（莫高窟第254、61、290窟相扑，第302窟洗浴，第296窟大便，第419窟汲水，第61窟煮奶，第85窟弹琴等）

唐代以来时兴的《劳度叉斗经变》中，大都描绘外道最终皈依佛法时，进行洗浴、剃度、揩齿的情景（莫高窟第159、

196 等窟）。揩齿就是刷牙。古人刷牙的方法正像画上这样：先用一手的食指和中指蘸些药物，抹在牙齿上，再用牙刷去刷。

早在公元前，我国先人就把杨枝打成扁片，蘸药漱齿。所谓药，主要是盐。最早的牙刷已经找不到了，从内蒙古赤峰大营子村出土的两把牙刷来看，辽代已经有了植毛的骨柄牙刷。至于刷牙的方法，在敦煌石窟里画得清清楚楚。

（莫高窟第 196、159 等窟）

可是，欧洲的第一把牙刷却是直到公元 1780 年才出现。1840 年在法国生产，然后才传入美国。这表明中国人的口腔卫生史比欧洲早了 800 年。

比欧洲的牙刷更早的是这种独轮车，大约 1000 年。

（莫高窟第 144 窟）

你说，在公元 10 世纪之前，世界上哪里还有婴儿车？

（莫高窟第 156 窟）

历史生活中的细节，大多包含着人类文明发展的意义。这过往的一千年生活的记录，其价值远远超过了被记录的生活本身。

你从这些琳琅满目的生活的场景与形象中还能认识到什么？

在充满生活情感的音乐旋律中，叠现以下各组画面：

建筑。城垣、街道、桥梁、广场、宫殿、水榭、歌台、回廊、飞阁、佛寺、宝塔、城关、坟茔、穹庐、兰若、民居、舞台、园林、监狱、酒肆、草房，等等。

树林。菩提、梧桐、竹、松、柳、葡萄、石榴、芭蕉、荷花、忍冬、合欢、棕榈、槐、杨、杉、苦楝、藤蔓、芦苇，等等。

家具。桌子、椅子、床、柜、屏风、长案、高几、矮几、镜台、盆架、巾架、衣架、箱子、方凳、条凳、榻等等。

风俗风情。婚丧、踏春、学校、剃度、百戏、马技、相扑、歌舞、抢劫、大辟、狩猎、造屋、筑路、妓舍、玩偶、收租、饮酒、处刑、马球、比武、宴乐、举重、博弈、炊事，等等。

莫高窟第148窟报恩经变恶友品（盛唐）

生活中最深刻的印象是人的表情。

佛的表情是理想化的符号；人的表情才体现出有声有色的心灵。

所有表情都是心灵的语言。

叠现出壁画中这些表情形象：虔诚的、平和的、庄重的、闲适的、愤怒的、惊恐的、紧张的、焦急的、快乐的、惊喜的、满足的、轻松的、坚忍的、镇定的、祈盼的、娇嗔的、淫邪的、嫉恨的、傲慢的、严厉的、依恋的、英武的、担虑的、狂妄的、善良的，等等。

当佛的经义把这些充满魅力的现实内容作为载体时，并

榆林窟第3窟
舂米·杂技（西夏）

没有料到，五光十色的生活会反过来，把佛国作为再现自己的舞台。从宗教的角度看，这里是佛天无上神圣的展示；从历史的角度来看，这里却是千年生活永恒不灭的珍藏。

如今这世界上，在哪里还能找到这样庞大的、辽阔的、迷人的图画？这样长达千年的彩色图像历史？这样依然活着，并永久活着的真实的生命？这样挽回的历史，挽回的生活和挽回的时光？

画面定格。

（本集终）

第十集 海浪与流沙的对话

  1271年秋日,三个隆鼻凹目、穿着高领大氅的罗马人东张西望地走在河西大道上。一位仆从牵着背负行李和水袋的骆驼紧随其后。这三个人中,穿绿衣、金发的年轻人,便是后来被载入史册的著名旅行家马可·波罗。两位年长者是他的父亲和叔叔。

  三位波罗启程于罗马,经过美索不达米亚,抵达巴格达时,本打算从波斯湾乘船去印度,但是由于听从了一位印度商人的建议,改变了主意,改走陆路。这便穿越伊朗高原,由阿富汗翻过葱岭,进入中国。他们沿着塔克拉玛干沙漠的南缘,也就是丝绸之路的南道,千辛万苦走到阳关,进入了河西走廊。

人类的敦煌

RENLEI DE DUNHUANG

沙漠中的风暴

灿烂的中国文化，使这三位波罗如入梦中。尤其面对着张掖大佛寺那巨大而活生生的睡佛，马可·波罗惊叹至极。可是奇怪的是，在他那传世的游记《东方见闻录》中，却只字没有提到河西的文化太阳——敦煌莫高窟。敦煌是他们必经之地，名气远过于张掖大佛寺，他们又在河西停留了至少一年。是什么原因使他疏漏或错过了莫高窟？

倘若他来到莫高窟，一准会被这东方宝库所震撼。倘若他进入第45窟，看到那艘扬帆挺进的大帆船，在啧啧赞赏画工们绝世技艺的同时，一准会后悔当时没有经由海路来到中国。他们的确应当拒绝荒沙大漠中那条无比艰辛的丝路。

从宋代以来，中国人就把深思的目光，瞥向深远和蓝色的大海。这时已能造出载重1500吨的"神舟"，航海术居世界之首。尤其南宋时期，朝廷南迁，千古以来与外部世界沟通的沙漠丝路便被阻绝。对外的文明联系，更依赖于那无边无际、自由流动的大海。一个发明罗盘的国家从来就不是封闭的。尽管人们对这陌生的、凶险的、起伏不定的蓝色世界所知极少,但是意志的光芒始终在前面引导着他们。

雄心勃勃的元代皇帝忽必烈建立了世界上空前规模的大帝国。当铁蹄把他权力的版图扩张到东南亚、印度乃至地中海的同时,也将一派豪情推入辽阔的大海。元代的航海家亦黑迷失、杨庭璧、列边·扫马、杨枢与孛罗,都把船驶到印度与波斯。在茫茫大海上,他们是否感到还有另一种东西,朦胧又强劲地吸引着他们呢?一种隐隐约约的蓝色文明之光?

一条死寂、艰忍而古老的黄色之路,一条动荡、流畅而崭新的蓝色之路。中国人面临这样的选择;历史和人类也同样面临这样的选择。

在海流呼啸着喷涌着冲上沙滩的刹那。定格。

我们已经明白了,不管是什么具体缘故,马可·波罗没有来到莫高窟,甚至在游记中只字未提,都在表明一个历史事实:敦煌莫高窟度过了它骄傲的黄金期。在历史的斗转星移中,它失落了!

荒沙就是沙漠里的黄土。它将历史所遗弃的事物轻轻掩埋起来。

| 藏经洞内最晚的卷子
《咸平五年曹宗寿捐造藏经题记》

第十集 海浪与流沙的对话

弥漫的风沙。黄沙掩盖的丝路上的古城。楼兰、尼雅、且末、若羌、高昌。倾圮的泥屋，晒成白色的胡杨干枯的树干，全都半埋在沙砾中。流沙还在莫高窟洞窟前一点点堆积起来。

从元代末期，莫高窟走向寥落。

历史先是封闭自己的过去，然后再把它渐渐遗忘。

那么，我们可别忘了。那封闭在17号洞窟——藏经洞的那些文献呢？它是否在被封闭的那一天，就感到自己命中注定要被永久地与世隔绝了？

你当然会问，究竟是谁把它封闭在藏经洞中的？为什么？

藏经洞是敦煌莫高窟最大的谜，也是中国文化最大的谜之一。

自从它被发现的一百年来，一直无人破解。正因为它奇特、难解、根由无绪，才在众说纷纭中变得更加神秘和诱惑。

对于藏经洞封闭的原因，最通常的说法是为了躲避西夏的侵袭。根据之一是，洞中文献年限最晚的一份是宋咸平五年（1002年），正处在西夏占领敦煌的前夜。根据之二是洞中的文献没有西夏文本，因此推定这是在西夏占领之前，为躲避西夏袭击，遭到损害，悄悄将这些宝贵文献封存在这个套在大洞窟里的小洞中。然后把洞口堵上，涂灰作画，掩人耳目。过后，逃避战乱的和尚没有回来，它便像古墓一样永远秘藏起来。

但这种说法并非无懈可击。如果将藏经洞文献的年代仔细查看一下就会发现，自1002年最后一份文献向上倒一百年间，差不多每年都有文献保留下来。可是截止到1002年就没有了。但西夏占领敦煌是1036年的事，中间怎么会出现漫长的34年的空白？莫高窟的和尚们不会提前34年就感到西夏的威胁并

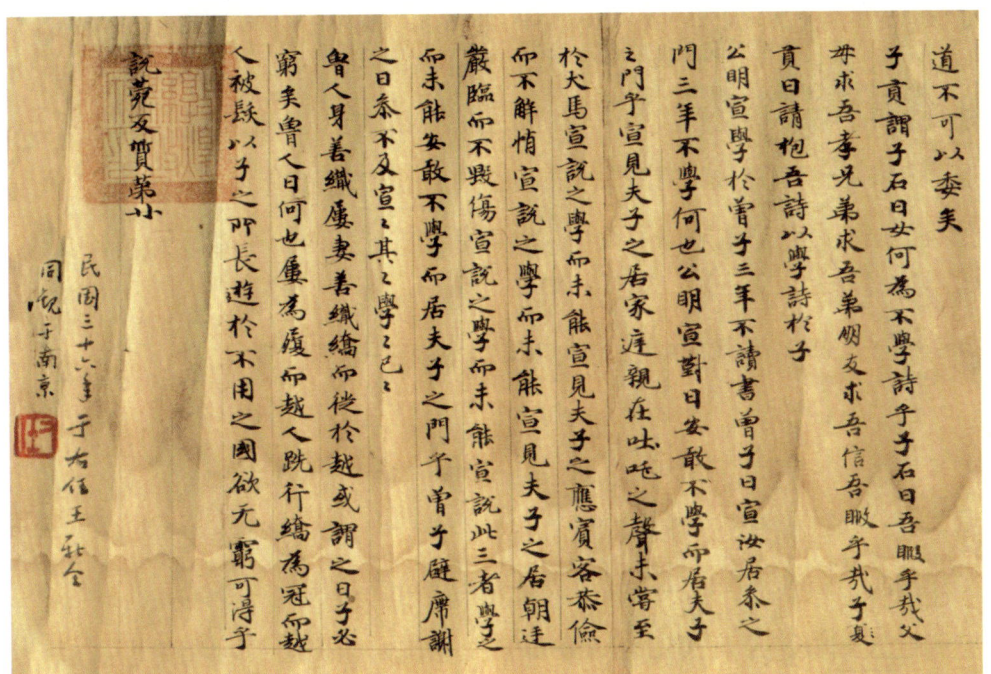

敦煌卷子
《说苑》

做出如此过早的行动吧！

第二种说法认为，藏经洞的残卷较多，许多都是当时废弃不用的文书。还有那些大量的卷轴式经卷，在公元10世纪末折叶式经卷广泛流行起来时，已经失去了实用价值。佛教一般不准毁灭经典，便封存在洞内。

但对这种廉洁的相反意见也很有道理，既然是古代作废不用的文书，为什么要封闭起来再画上伪装呢？

第三种说法认为，这是为了改造和重修大洞窟（第16窟）时，将这用处不大的小窟封闭起来的。根据是，1953年敦煌研究所工作人员在第53窟北壁发现一个被封闭的小窟（现在编为第469窟）。大小与藏经洞差不多。西壁上有一段题记："广顺三年，岁次癸丑（953年）八月十五日府主太保就窟工造二千人斋，藏内记。"话说得很明白，这是归义军节度使在莫高窟举办的一次盛大法事，法会所用物品，过后便收藏在这洞中。

由此推论，藏经洞也被作为一个小藏室，平日堆放这些旧书残卷。后来在大洞窟改造重修时，顺便将这无用的小仓库堵上。外边的画只是依照常规画上几个供养菩萨，并非作为一种掩人耳目的伪装。

然而这种说法，猜测成分太多，不能取得一致的信服。

还有一种说法，认为藏经洞封闭与伊斯兰教东传有关。皈依伊斯兰教的喀喇汗王朝，大肆毁坏佛教的偶像，并对地处西域西端、信仰佛教的于阗国发动了宗教战争。经过40年战争，于阗国被占领并被伊斯兰化。因而使得大西北所有佛教中心都感到强大威胁。公元1093年，喀喇汗王朝向宋朝提出共同攻打西夏，得到宋朝的赞同。这一消息传到敦煌，肯定引起很大恐慌，于是采取了这一应急的保护措施。

这一说法缺乏具体依据，仍然仅仅是猜测。但是，它使我们想到，公元10世纪至11世纪之交，敦煌遇到了它有史以来最大的麻烦。在外部，东边是崛起的西夏党项族，势头逼人；西边是与佛教为敌的喀喇汗王朝，随时可能纵骑而至。在内部，也正是在1002年，曹氏后裔曹宗寿迫使他的叔父、原归义军节度使曹延禄、瓜州防御史曹延瑞自杀。局势错综复杂，危机潜伏。在这种严酷的形势下，封闭藏经洞成了大势所迫。但更具体的情节与缘故，却依然没有寻到。

据说，在流散到国外的敦煌遗书中，曾发现两件年代更晚的资料。一件是北宋仁宗天圣九年（1031年），另一件是清代康熙二十一年（1682年）。这一信息曾使人们惊讶不已！因为封闭藏经洞的时间，必须是在洞中有纪年的文献的年代之后。如果真有一卷更晚的文献，甚至哪怕一页清代的文书，整个封闭的理由又会成为一个全新的神话。可是，有人怀疑这两件写本，不一定是藏经洞的文献，也许是在敦煌其他地方出土。于是，一切又回到扑朔迷离之中。

对于藏经洞封闭的原因，最终还要在洞中的文献里去寻找。

那么这被称作"世纪之宝"的敦煌遗书，究竟包含着怎样的内容？

单是50000件古代文献就是无法估量的财富了。

单是存放了近一千年就是无以比拟的财富了。

时间创造文物。一千年过去，每一页书写的纸都成了罕世奇珍。何况厚厚实实50000卷，还有那么多绘画、雕塑、佛教文物，塞满了整整一个洞窟！

然而无比宝贵的还是它的内涵。

洞中的文献大部分是佛教经卷。弥足珍贵的是那些在《大藏经》中都没有收入的佚文佚经，却在这里出现了。它们使佛教经典的宝库得到充实。

（《大乘四法经》《因缘心论颂》《异译心经》等）

许多经卷的题记和疏释，还为研究中国佛教历史和当时宗教与社会状况提供了崭新的材料。

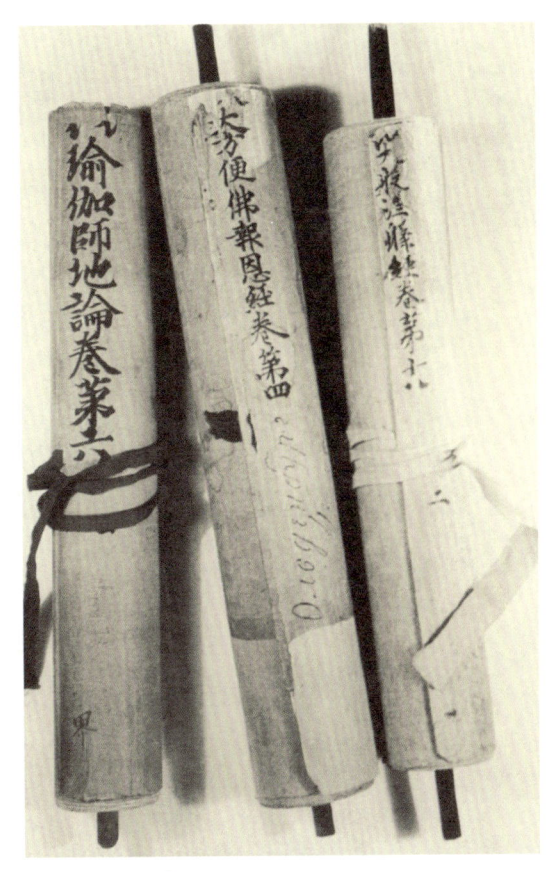

俄藏敦煌文献《瑜伽师地论》等经卷

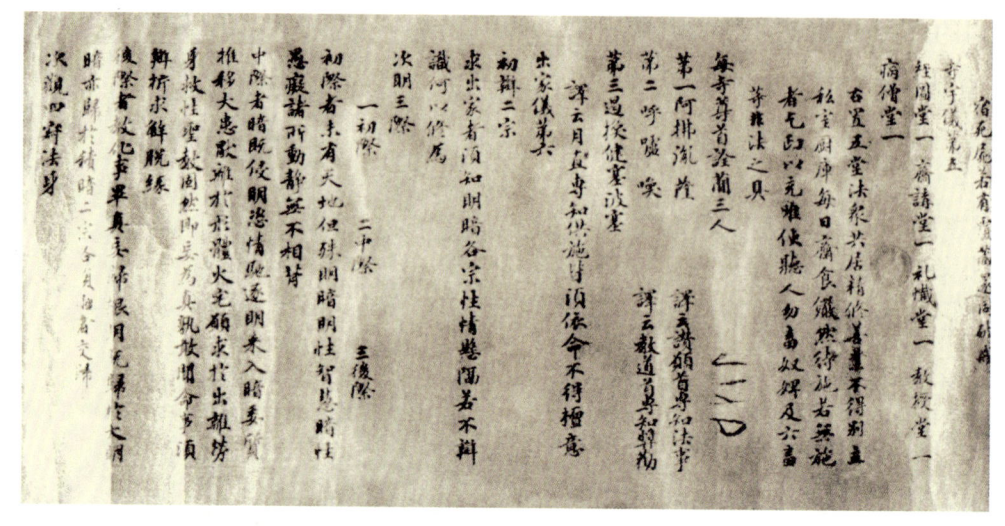

敦煌写本

(《净名经关中释抄》,《金光明经》题记,《十地义记》《维摩诘经释》《法华玄义》《瑜伽师地论随听手记》等)

各种佛经目录,一经发现,即刻在我国古代目录学史上占有显眼的位置。大量的寺院文书,包括财产账目、僧尼名籍、法事记录,以及斋文、灯文、施物疏等,组成一幅文字的工笔画,精致地再现了敦煌佛教的繁盛景观。

(《天复二年都僧统光照帖诸僧尼寺纲香徒众等》《寺户妻女纺毛簿》《沙州诸寺丁口壮车牛役部》《甲辰年直岁惠安手下诸色入破历》等)

最有价值的佛经如《大般若波罗蜜多经》《维摩诘所说经》《金般若波罗蜜多经》《妙法莲华经》《金光明最胜王经》《大乘无量寿经》等,由于抄写年代较早,对宋代以来的传世本都具有重要的校勘价值。尤其有的经典,在印度连原始的梵文本都已经散佚,它就更具有权威性了。

在敦煌遗书中,那些道教、摩尼教、景教、祆教的文献也有相同和非凡的分量。比如道教名作《老子化胡经》,在元代至正十八年（1358年）被指为辱没佛教而彻底销毁，早就不见了踪迹。但它在藏经洞中却意外地露面。再如，人们对于摩尼教的历史及宗教内容一直所知甚少，但洞中一卷《摩尼光佛教法仪略》，将摩尼教的起源、形象、典籍、教团、制度、教义等细致地展开，一下子把大半空白的摩尼教有血有肉地填满。而另外一些关于景教的卷子，又把那个来自叙利亚、同样神秘的景教，美妙地开启了。

（西安《大秦景教流行中国碑》。景教文献《大秦景教三威蒙度赞》《尊经》《一神论》《志玄安乐经》《宣元至本经》《序听迷失所经》《大秦景教大圣通真归法赞》等）

藏经洞里放满了能够打开历史密室的钥匙。

从文化交流的意义上说，藏经洞又是整个莫高窟的浓缩。一方面是外来佛教文化的传入，一方面则是中土文化的弘扬。

藏经洞中浩瀚的儒家典籍是这方面充实的证据。重要的儒家经典几乎都可以在这里找到。诸如《易经》《诗经》《尚书》《礼记》《春秋》《论语》《孝经》等，总数达百卷。由于大都是珍罕难得的六朝与唐代写本，在校勘、训诂、辑佚方面的价值极高。

洞中所藏的《尚书》"隶古定"本，是我国现存的最古老的版本。

很多材料，都是失落千年，今朝复得。

比如《论语》。传世本都是"三人行，必有我师焉"。藏经洞的古本《论语》却是"我三人行，必有我师焉"。这是非常重要的儒家典籍中一个贻误了千年的错误。这样的例子举不胜举。

敦煌经卷写本
《大般涅槃经》

如果从勘误与补正的角度上看，藏经洞中大量的史籍与古地志，意义同样非凡。

（《史记集解》《汉书·刑法志》《汉书·王莽传》《萧何曹参张良传》《汉书·萧望之传》《三国志·步骘传》等）

古代著作是以传抄或重刻的方式流传下来的。其间最容易生出错误。世代辗转，讹误愈增。校勘神圣的意义，便是恢复历史的原貌。历史和文明的尊严，以及对历史和文明的尊重也就都在其中了。

如果我们将藏经洞中的《大唐西域记》与传世本仔细校对，就会发现，像《论语》那样的错误不下一百处。

传世本《晋书》关于平北将军祖逖与石季龙的战争有两条记载。一条在《晋书·元帝纪》中，说"王师败绩"，就是说祖逖吃了败仗。另一条在《晋书·祖逖传》中，说"季龙大败"，是说祖逖打了胜仗。两条记载，胜败相反，自相矛盾，使得历来学者莫衷一是。而藏经洞中保存的一部古写本《晋春秋》中，对这一史实有了十分肯定的记载："平北将军伐陈川……狄设伏射之,虎乃退。"于是,糊涂了千年的悬疑澄清了。

澄清了史书,就是还历史以真实的面目。

(《晋书》中《元帝纪》与《祖逖传》的比较。《晋书》与《晋春秋》的比较)

洞中收藏的古本史书,除去王粲的《晋纪》,还有李筌《阃外春秋》、虞世南《帝王略论》、孔衍《春秋后语》、宗略和宗显《天地开辟以来帝王纪》等等,都是第一次见到的古本图书。世界上什么地方还能像藏经洞这样,一下子找到这么多失传的古籍!

同时许多前所未见的古代地理资料的出土尤为我们惊喜。其中敦煌本地的历史地理面貌,在传世的记载中如同凤毛麟角,使我们一片模糊与虚无。但是现在,它神奇地从藏经洞形象清晰地走了出来。

(敦煌的地貌。古地志《皇华四达记》《郡国志》,韦澳《州郡风俗志》,刘之推《九州要略》,李播《方志图》,梁载言《贞元十道志》,李泰《括地志》;敦煌地志《沙州都督府图经》《敦煌录》《沙州地志》《寿昌县地境》《西州图经》等)

至于有关敦煌地方的其他各种文书,涉猎极广,内容博大,难以穷尽。史籍往往只给我们一个冷静的梗概和写意的轮廓,这些文书却是一个个饱满鼓胀、活灵活现的生命细胞。我们几乎可以从它上边触摸到当时社会的脉搏与生活的温度。这些文书都成了历史学家第一手的研究依据。

地方文书包括官方文书与私家文书。

官方文书丰富的法制内容。它们都是古代——主要是唐

伯希和的探险队居住在莫高窟的情景

代——律（基本法律）、令（典章制度）、格（违禁限定）、式（章程规范）的具体化的实例。

（《名例律疏》《永徽东宫诸府职员令残卷》《天宝令式表残卷》《开元水部式残卷》《神龙散颁刑部格残卷》等）

官府档案中各种簿籍，包括户籍、差科簿、授田簿、徭役簿、会计簿等，为我们全面描绘出唐代社会体制的真实形态。至于那些往来的公文，包括表、状、牒，极丰富地反映出当时的典章制度与政治制度的状况。一些重要的政治事件都是从来没有记载的。

这些官府文书还范例性地给我们展示了各种公文规范、办事手续和书写格式。

（簿籍：《大足元年沙州敦煌县效谷乡籍》《开元十年沙州敦煌县悬泉乡籍》《天宝六载敦煌郡敦煌县龙勒乡都乡里籍》《唐天宝十年差科簿》《沙州会计簿》《敦煌郡会计簿》《吐蕃统治时期沙州仓曹会计牒》《豆卢军和籴会计簿》《张议潮进表》《沙州进

奏院上本使状》《曹延禄上表》《田令程表》《职官品阶食品表》《大晋皇帝致北朝皇帝遗书》《大行皇帝议状》等)

很难说这是一种珍罕的历史文献,还是宝贵的历史文物。

私家文书包括各种契约和民间社团文书。

它们就像变相的风俗画那样,展开纷纭万状的中古朝代的社会场面与人际关系。

(莫高窟壁画中描绘世俗生活的画面)

每一份契约都是一幅那时代深刻的插图。

一份《乙未年赵僧子典儿契》和另一份《丙子年阿吴卖儿契》,像是两则故事;还有《唐奴婢买卖市卷录白案记》,则像一曲凄婉的悲歌,都把一千年的眼泪留到今天,使我们对当时社会底层的艰辛认识得入木三分。

(莫高窟壁画中的儿童形象)

多种多样的社团文书,又带着敦煌地区优美的社会人文的光彩,照亮我们的眼睛。如果没有这些珍罕的文书保留下来,我们就无法把中华民族独有的亲情化的群体生活方式了解得如此生动与深入。

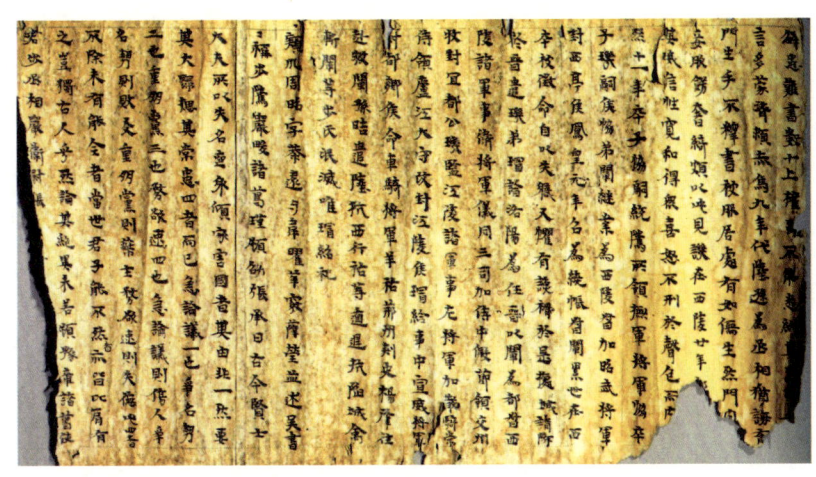

敦煌写本《三国志·步骘传》残卷·敦煌研究院藏(晋代)

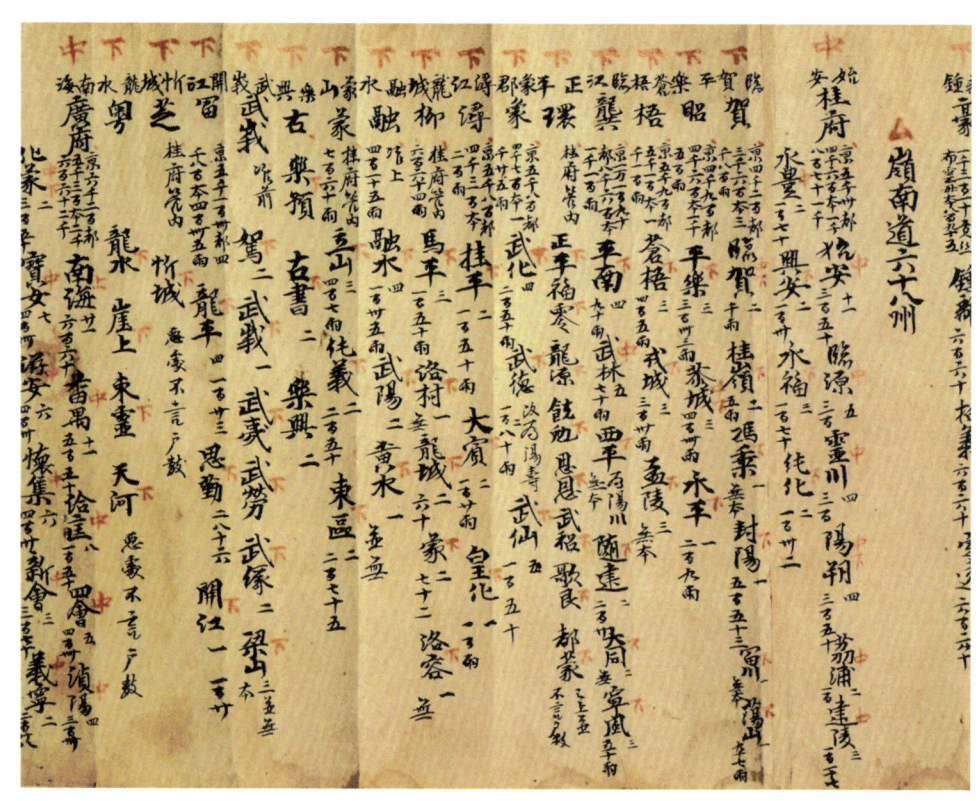

敦煌卷子·地志（局部）

（莫高窟壁画描写饮酒纵情、歌舞聚乐等世俗生活的画面）

藏经洞大大展开了历史的宽度与深度，同时也加宽了我们的视野。

使我们对当时的精神与情感获得感知的，是藏经洞中保留下来的大量的珍贵的文学作品。其中最富价值的是历来传世极少的民间文学。

许多歌辞、俗赋、白话诗、话本，都是从未见过。这些古文，又像新作。中华文学更加光彩夺目。

首次发现的盛唐时期手抄本的《云谣集杂曲子》，比传世的早期词集《花间集》和《尊前集》都要古老。它可以使我们更加清晰地看到了词的源头。

王梵志的五言白话诗写本共有5种，集诗达400余首。可见这些接近生活语言而十分朴实真切的诗作流传之广。而这位成就非凡的诗人的作品是首次被发现的，它在我国古典诗歌中的价值可想而知。

藏经洞对中国文学史最大的贡献，是数量颇巨的变文的出土。

变文的出土，可谓一个考古学的奇观。

变文，出自寺院中的"俗讲"。是僧人宣讲佛法时，为了使那些玄奥枯燥的经义叫大众爱听，便将佛经中一些饶有趣味的情节抽出来，添枝加叶，变为讨人喜欢的通俗化的"变文"。《维摩诘经讲经文》总共达30卷，原来经文中的二三十字，一变就成了赏心悦目的三五千字，足见作者想象的才华。这正像大唐出现的经变画一样，使艰涩难懂的经文变为灿烂动人的图画。变文也是大乘佛教兴盛和佛教中国化的一种创造性的体现。

（莫高窟第420窟《法华经变》、第220窟《西方净土变》、第158窟《金光明经变》、第112窟《报恩经变》、第329窟《阿弥陀经变》、第172窟《观无量寿经变》等）

变文是文字的经变画；经变画是彩色的可视的变文。它们是孪生的。只不过一个画满莫高窟的墙壁上，一个在众人的口中传来传去。

莫高窟第156窟壁画《张议潮统军出行图》，干脆就可以看作是《张议潮变文》的精美的彩色插图。

据说当时宣传变文时，场面极有魅力。宣讲者声音悠扬，四周围着被打动的乡里百姓。这样，渐渐就有一些非佛经的变文出现了。

《燕歌行》写卷

(《王昭君变文》《伍子胥变文》《孟姜女变文》《张议潮变文》《张淮深变文》《董永变文》《秋胡变文》《李陵变文》《汉将王陵变》等)

在世俗化的趋势方面，变文与经变画完全一致；但在世俗化程度上，变文走得更远，而且愈来愈不受佛教束缚，渐渐演变成一种自由随意和锐气十足的文体。

宋真宗时，变文被视为伤风败俗，明令禁绝。这种在民间口头说唱的文学，一旦中止，便很难留下痕迹。尽管它被认作宋元话本，乃至鼓词和弹词的前身，却无从见到它本来的面貌。谁也没有料到，这失落了千年的民间奇文，竟然大量地出现在藏经洞中。

在唐代诗人的作品中，也有佚传作品，掺杂在堆积如山的经卷文书之中。目前已发现，竟有数百首诗歌未曾载入《全唐诗》！这对于扩充我国诗歌宝库简直功德无量！

(《全唐诗》全书)

尤其是大诗人韦庄的《秦妇吟》。这首描绘动荡飘摇的晚唐社会真实的长诗，共228句，1600字，不愧是一部写实主义的唐诗巨作。倘若《全唐诗》缺了这部作品，将会是怎样的遗憾！

（莫高窟壁画中关于战争和妇女的画面与细节）

然而，藏经洞中有价值的书籍，远远超过文学。还有大量的医药、天文、历书、星图、农业、科技、算术，乃至供儿童的启蒙读物。还涉及针灸、兽医、矿业、化学、气象、兵器、冶炼、工具、食品、植物、动物、酿酒、制毯、制糖、造车、造纸、养蚕、星占、丝绸、印花、印刷、雕版、艺术、婚丧、民俗等等领域，几乎无所不包。

你看——

我国第一部正式药典《新修本草》。

最古的针灸图谱《灸疗图》。

古代染发剂《染髭发方》。

近百件古医药文献中，具有临床意义的医方达1100多件。其中《辅行诀脏腑用药法要》中，用硝石和雄黄散剂放在舌下，来救治猝然的心病，这与现代治疗心脏病发作的硝酸甘油的用法与疗效完全相同。时间却提早千年以上。

最古老的针灸专著《吐蕃灸法残卷》。

陶弘景的《本草集注》是千年未见的古代医药学的经典之作。

世界上最古老的星图《全天星图》，已被认证为1359颗行星。

藏经洞外边的壁画展示着理想天国的图画，藏经洞内却放着科学的天文图像。文化的多元与多极，才显示人类文明的博大与丰富。

还有一首能够迅速认出天上所有星座的《玄像诗》。

最早能够预报月食的日历。

40余件古日历，件件都比传世的《会天历》还古老。内含的天文史料更是深厚无穷。

还有一件在一千年前就将西亚波斯星期制引入我国历法的敦煌日历。在这日历中，一星期各日被分别称作"蜜"（星期日）、"莫"（星期一）、"云汉"（星期二）、"嘀"（星期三）、"温没斯"（星期四）、"那颉"（星期五）、"鸡缓"（星期六）。于是，敦煌作为当时大西北重要的开放城市，对外的适应性和主动性，以及灵活与豁朗，全被表现出来了。你从中是否还看到了当年河西走廊上各种肤色的人熙熙攘攘的影子？

《算表》《算书》和《立成算经》，都是我国最古老的数学著作。

《乘法九九表》表明中古时代的中国人对生活的高度把握能力。

各种地形的田亩计算法，金属密度计算法，土方计算法，计量与容量的换算方法，都显示着一个文明社会的高度发展。

《书仪》堪称一部社交大典。

儿童的识字课本和包罗万象的启蒙读物，全都是先前不曾见到的。然而，它们仅仅是敦煌遗书的一些闪烁的星星，而整个遗书却如繁星满天。

每一份材料，都使我们在历史的矿层上找到一眼纵向的深井；每一卷写本，都把过往千年的岁月神采奕奕地召唤到眼前。

这些材料都是书写在纸上的。

藏经洞对于发明造纸术的中国，又是一个最大的古纸样品库。从这数万卷流传有序的写本上可以清楚看到，自两晋到六朝，大多使用麻纸；隋唐时采用椿皮纸和桑皮纸，五代仍以麻

莫高窟第 148 窟西壁诸国王求舍利·四驾辂车（盛唐）

纸居多。

晋代麻纸相距蔡伦造纸不过二三百年，但藏经洞的实物证实，此时的纸质洁白坚韧，造纸技术已经达到惊人的水准。

隋唐的纸色金黄可爱。缘故是采用了黄檗染纸来防止蛀蚀。这种纸叫潢纸。尤其是唐高宗倡用的高级写经纸——硬黄纸，是在潢纸上加蜡砑光，坚硬光亮，质地精整，写上经文也更加堂皇高贵。洞中文献还向我们展示了一种还魂纸——即用废旧纸作为原料造新纸的标本，看看吧！一个文明古国怎样用物质来创造文化。

你肯定还注意到了，这些写本漂亮迷人的字迹。对了！每一件写本都是一件奇罕宝贵的中古时代的书法作品，有的还是绝世珍品。单从书法看，它整个价值又翻了一番！

藏经洞的写本，始自两晋，及至北宋，历经 7 个世纪。这正是中国文字由秦汉隶变之后，逐渐完成楷化的全过程。藏经洞文献把这历史转变的每一步，都留在它那精美绝伦的书法里

莫高窟第 259 窟北壁禅定佛（北魏）

了。文献中主要写本是写经。它作为一种宗教活动和民间风俗，是以抄写佛经这种虔诚的方式，表示皈依佛教，奉献佛门，更深层的目的则是祈望平安幸福，获得心灵的安宁。藏经洞的写经本约有30000件。尽管这种被称作"经书体"的作者大多是民间名不见经传的抄本手和经生手，但他们在质朴的情感表达与执着的审美追求中，给我们留下700年文字与书法演变的最完整、最翔实、最优美的记录。而且全部都是书法原作！

（隶书阶段：前凉《法句经》、北朝《道行品法句经》、北魏《大般涅槃经》等；隶楷阶段：北魏《大慈如来十月二十四日告疏》、北魏《大般涅槃经卷第七》、西魏《贤愚经卷第二》等；楷书阶段：隋《文选运命论》、唐《妙法莲花经卷第六》、唐《大般涅槃经迦叶菩萨品之二》等）

如果再从文字学角度看，藏经洞文献又是多民族文字写本的大博览。各种文字书写的文献——汉文、古藏文、粟特文、于阗文、龟兹文、梵文、回鹘文、希伯来文等等。使我们对当年东西方各民族交流之广泛与深刻，感到震惊。

在这大量的文献中，还有不少互译的内容。比如印度古典长篇史诗《罗摩衍那》，既有于阗文译本，又有藏文译本。再比如，一些双语词汇表（汉文与于阗文，梵文与于阗文，突厥文与于阗文），以及用突厥文拼写的汉语数词，让我们在各民族精神交往的深层里，受到了真切的感动。因为只有在这种精神中，我们才能感到人类赖以长存的那种崇高的互敬互爱的本质。

然而，敦煌遗书不完全是写本。还有一些非常古老的印刷版本。

在雕版印刷起源的时代里，这里留下了原始的样本！最初

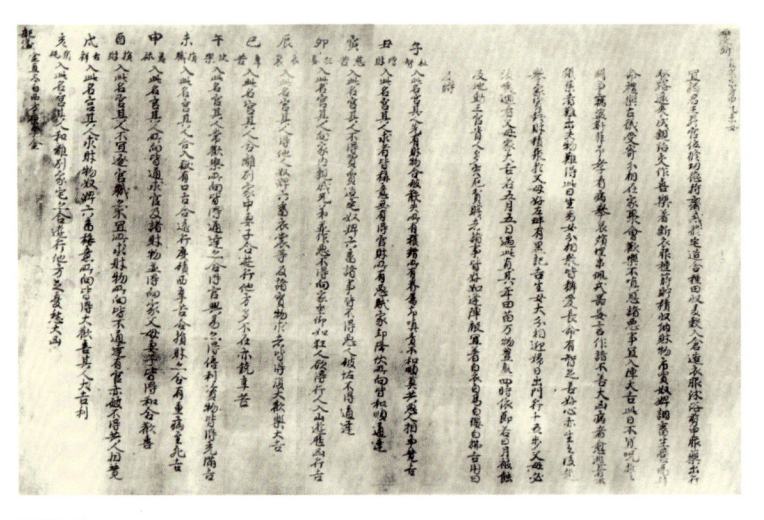

敦煌写卷

的印刷方式是捶拓，也就是先在雕有文字和图画的木板上刷一道墨，再把纸铺上捶打。藏经洞出土的唐太宗所书《温泉铭》、唐初书法家欧阳询书《化度寺邕禅师舍利塔铭》、唐长庆四年柳公权书《金刚经》，便成了今天仅能见到的最古远的捶拓本了。然而，它是当时世界上最先进的印刷技术与文化传播方式。

唐懿宗咸通五年（868年）的印本《金刚经》，卷首有一幅释迦牟尼的说法图，线条之精美，刀法之纯熟，即使在今天也是杰作。它不仅是我国现存最古老的版画，而且比起德国最古老的版画《圣克利斯道夫》（1423年）还要早上500年！它被誉为"世界印刷史和版画艺术之冠"。

你说，藏经洞的价值该怎么计算与衡量？

更何况，它还有失传千年的琴谱、乐谱、舞谱、棋经！那么多珍罕难得的绘画、绢画、纸画和佛教文物！

如果当时把任何一件日常的物品放进藏经洞里去，现在打开来一看，都成了千年古物！它珍贵的历史价值、文化价值、各学科和多学科的研究价值，全都蕴合其中。这就是藏经洞的伟大与神奇之所在！

这大批丝织物上的绘画，从材料上看，首先就是极其难得的古代纺织品。华丽精美的绸、罗、绮、纱、绢、锦、绫、麻布等,都是我国当时纺织技术领先于世界的证明。特别是五枚纬缎和六枚经缎的发现,把中国缎的历史提早了300年。

那么,画在这些绢麻等丝织品上的绘画就更加非凡。大量唐代绘画的出土,弥补了传世真迹的不足。这些高水平的绘画作品,一方面显示了唐代卷轴画与壁画一脉相承的艺术渊源,一方面表现出由装饰性走向写实的历史跨越。尤其是对供养人与世俗细节的描绘,准确生动,神采飞扬。大唐绘画的光芒在这里直接而耀眼地放射出来。

(《地藏十王图》《土星》《莲池上的鸟》《供养妇人像》《报恩经变图》《童子供养者像》《观世音菩萨像》《引路菩萨图》等)

更令人关注的是一批纸画。大多采用白描手法,俗称"敦煌白画"。由于在莫高窟壁画上到处可以找到同样的笔法与形象,所以它被认为是画工们的手稿、工作粉本、信手拈来的试笔之作。线条娴熟自如,遒劲有力,生动传神,表现出古代画

莫高窟第45窟唐代塑像

工高超的技艺与深厚的功力。既善于画立面的壁画，又善于画平面的卷轴画，这是处在历史转换期的唐代绘画的重要的时代特征。

这《狮子图》不是连吼声都可以听到吗？

这《高僧像》分明已进入静虚境界。

这《相扑图》中的两位健硕的力士，如今完全可以从继承了这一运动的日本人那里找到！

除去藏经洞，世界上哪里还能找到数量如此巨大的古代绘画？还能找到内容如此浩瀚的千年以上的历史文献？如果说打开古埃及图坦卡蒙的墓，找到了一个逝去的法老的世界；那么封闭藏经洞，便是封闭了几个世纪的人文，无边无际的生活，以及千头万绪的人类文明的线索。

当时封闭藏经洞的人，哪里知道他对千年后的人，竟有这般功德无量？

在漆黑如墨的洞里，被关闭的50000件文献，是不是一直把耳朵贴在堵在洞口的假壁上，将重见天日的希冀寄托给一种意外和悦耳的响动？

外边几乎和里边一样，了无声息。偶尔沙沙轻响，它们已经熟悉了，那是风沙在吹打。

这一边，风沙弥漫，年复一年。

那一边，大海汹涌，潮起潮落。

风沙过后，黄色里莫高窟一片荒凉。

海浪不歇，蓝色中透出远航的帆影。

15世纪以来，世界上许多国家都倾心于海上，都猜想大海的另一边一定存在着灿烂的文明，因此都开始了充满探险意味的远航的征程。

1460年，在那个时代最神往于把脚踏在陌生土地上的葡萄牙人，已经沿着非洲西海岸向南行进。他们似乎对未知的东方那边有另一种文明存在的预感。1486年，一位叫迪亚士的葡萄牙人到达了非洲的最南端，本想绕过非洲向东行驶，但他在猛烈的风暴中不能前进。他把这地方称作"风暴角"。但是葡萄牙国王约翰二世却换了一个好听的名字，叫作"好望角"。也许这名字象征吉祥。1497年探险家达·伽马终于把船绕过好望角。当他发现前边是一片极其美丽、无穷无尽、伸向东方的海水时，一条东西方之间的航线史无前例地开通了。这次航行使伽马受益极丰，他从东方带回的货物，比他花掉的费用高出60倍。这条通向东方的航线很快就成为一条欧洲人海上热线了。

（复原的世界古代航海画面。好望角的景象）

西方向往着东方，就像当年丝绸之路上向东行走的那些金发碧眼的人一样。当然，迦马最远只到达印度的西海岸马拉巴尔，远远没有见到中国。

意大利航海家哥伦布被马可·波罗的《东方见闻录》迷住了。他决心到书中那个神秘而灿烂的中国去。然而这个固执的意大利人坚信向西航行就一定能抵达印度和中国。他于1492年在西班牙王室的支持下出航，一直向西，结果他没有找到那个美丽的神话般的中国，却发现了美洲新大陆。

（哥伦布画像。哥伦布发现美洲新大陆的图像资料）

真正善于航海的还是葡萄牙人。1519年，另一位葡萄牙航海家麦哲伦开始他的环球航行。在那个没有任何通讯工具的时

人类的敦煌

RENLEI DE DUNHUANG

雅丹地貌·孔雀

代,只有在茫茫的大海上一站一站地向前摸索。转年,他从南美洲驶入太平洋。1521年抵达吕宋岛,不幸的是麦哲伦本人被当地居民杀掉。但他的水手们却接过他的志向与理想,用了不可思议的33个月的时间,于1522年经好望角再向西返回西班牙。完成了人类历史上第一次环球航行。地球被打通了。

(麦哲伦画像。有关历史图像。复原的古代航海画面)

地球无法从陆地上打通,只能在海上打通。这便是海上丝绸之路最终替代陆上丝绸之路的历史必然。

对于欧洲人的这次"地理大发现",中国人不是被动地等待被发现。而是更早地开始海上征程。

当西方人的船头朝向东方时,东方人的船头却直指西方。这便是人类的一种历史精神。

1405年,太监郑和受命于明成祖朱棣,开始了他著名的"七下西洋"的远海航行。

在 7 次航行中，每次都动用 200 艘大小船只，分为宝船、马船、粮船、座船、战船。宝船就是贸易船，船上堆满中国文明创造的金银绯紫。船上旌旗林立，随员甚众。7 次下海共动用千户以上官员 300 人。这种世界航海史上的空前规模的大行动，显然是一种国家行为。就像当初张骞出使西域那样。

（复原及史料中的郑和下西洋的图景）

郑和是海上的张骞，但他比张骞走得还远。

他的船队的航域，东起琉球和菲律宾，西北达阿拉伯海与红海，西南越过赤道进入东非水域，到达了麻林地。

（《郑和航海图》。非洲景象）

实际上他的航域还要广泛得多。

他于 1433 年结束航海。那时，葡萄牙人还被非洲大陆阻挡在大西洋上。他比伽马出现在非洲东岸的时间还要早半个多世纪。倘若他们在海上相遇，一定会惊奇地欢呼起来，世界航海史又会是怎样一个美好的景观？

他所到之处，都把中国的文明传播到那里。曾经在沙漠丝绸之路上受欢迎的中国物产，比如锦绮、纱罗、苎丝、麝香、大黄、肉桂、铁鼎、铜鼎、瓷器等等，同样在印度洋沿岸各地受到了热爱。同时，这些舱体庞大的航船还把海外的香料、珍宝、药品、颜料、五金、食品、动物、物料等等捎回来。

骆驼换了船只，铃声换了号角，长途艰辛的跋涉换了冒险又浪漫的远航，空茫枯燥的黄色换了浩瀚流动的蓝色。在这蓝色的世界，又是随心所欲，省时省力，一个船舱的载重量远比一百只骆驼背部的载重量大得多。

那沙漠丝路实际是被这蓝色的海水淹没的。

伯希和在新疆喀什

这期间,中国的皇帝们早就把国都安顿到东南沿海一带。国家的重心偏向大海。

那个曾经威风八面,作为政治中心的长安早已失落了,成为边远的大西北的一个军事关隘。

丝路似乎掉转头来,重新返回荒凉的远古。听不到驼铃的路便成了死去的路。

伊斯兰教踏着当年佛教东渐的足迹,由西域深入河西。佛教不再是这里共同理想的核心。

(由西域到河西的古代清真寺院)

这期间,迅速壮大的维吾尔族完成了伊斯兰化,西域佛教艺术被他们视为异端而屡遭攻击与破坏。

敦煌渐渐褪色了。

社会褪去了繁华;大漠消失了绿洲。

人渐渐去了。没有人繁衍生息,自然无人来耕地造房,兴修水利。从蒙古族到维吾尔族,都习惯于马背生涯,拒绝农耕。农田废为牧场,可怕的沙漠化就更加横行无阻了。

雄踞在祁连山和马鬃山之间的嘉峪关,更多时间只是用来抵挡沙暴。

在边防的设置上，敦煌一度属于沙州卫。明正统二十一年（1456年），沙州守卫1200人内迁甘州，沙州似乎连防卫的必要也没有了。

敦煌莫高窟第98窟甬道有一段题记，时间是成化十三年（1479年）六月初三。上面写道：

"指挥师英钦奉敕命统领官军三千员名到沙州安攘夷人，当今皇上固守后门，永臻国界常靖……"

在当时边防将士的心目中，敦煌早不再是对外交往的首要门户，而成了中国无关重要的"后门"。那"前门"无疑已经转移到东南沿海。这远在万里之外的"后门"便悄悄走出人们的记忆。

明使陈诚出使地处哈烈的帖木儿帝国时，他的路线是穿过河西走廊，途经安西，直向哈烈，根本没有取道敦煌。一千多年的丝路重镇被无情地证实了它的消亡。

嘉靖三年（1524年），吐鲁番满速儿汗率两万骑兵攻打肃州，前锋一直插到甘州。明朝官兵拼死相抗，才把吐鲁番叶儿羌汗国的人赶出嘉峪关。为了拒敌于城外，"哐当"一声，把巨大而沉重的城门关闭了！

西北对外的通道便被彻底切断。

敦煌和莫高窟也被孤零零关在城外。任凭凋落与毁坏。

莫高窟的栈道大多破损脱落，许多洞窟被沙砾掩埋，朦胧中宛如绝无人迹的荒山野岭。

本应该永世隔绝的藏经洞的文献，却由于一个偶然的缘故，被这个既糊涂又精明的道士发现了。

（再现第一集王道士发现藏经洞的画面）

德国新疆探险队。中间一排由右至左为勒柯克、戈伦维德、巴图斯和胡特,他们到新疆探险4次,获取文物400多箱,珍贵文书文献2万多件

当封闭近千年的文献听到洞外凿打假墙的声音,并被第一束射进来的强光照亮时,它们是惊喜还是惶恐。由于对外界一无所知,恐怕只是在庆幸自己的神奇命运吧!

然而,灾难与它碰头相遇。素不相识的两张面孔——斯坦因和伯希和出现了。他们把考古史上最大的厄运之一,带给了莫高窟。

(再现第一集斯坦因和伯希和窃取藏经洞文献的画面)

接下来是日本人的大谷探险队。这支由日本贵族后裔大谷光瑞组织的探险队,在新疆一带发掘7000件吐鲁番文书,以及大量木简与艺术品,并于1914年至1915年两次来到敦煌,从王道士手中获取500卷珍贵的敦煌遗书。

俄国佛教艺术史家鄂登堡似乎更有办法,他的一支由15人组成的考察队,与日本人大谷探险队差不多同时来到敦煌。

他通过王道士掠走很大一批汉文与回鹘文写本，总计 10000 余件，还有世所罕见的中古时代绘画作品与塑像。

1924 年，美国哈佛大学福格艺术博物馆东方部主任兰登·华尔纳有点姗姗来迟。他没有弄到文书写本，目标转向莫高窟的壁画与雕塑。他用一种特殊的、可分离性质的胶水，先把纱布贴在壁画上，再将壁画剥取下来。他成功地剥下 26 块，共计 3.2 平方米的壁画（莫高窟第 320、321、328、329、331、335、372 等窟），并将一尊精美绝伦的胡跪的供养菩萨像搬走（莫高窟 328 窟）。转年，他做了一个更大规模的窃取计划，兴致勃勃地来到敦煌，但由于受到当地人阻止而未能实现。

一个失落的文明，必然遭受掠夺和践踏。当然也包括文明的本身。

（被窃取、涂抹熏黑以及胡乱题记的壁画）

我们常常会这样思考：敦煌遗书的发现到底是幸运，还是不幸？它秘藏千年，片纸无损，一旦被发现，反而横遭厄运。可是反过来又想，如果这些文献一直未被发现，它也就永不示人。这千

日本探险家大谷光瑞

英国考古学家兰登·华尔纳

古珍奇，有同没有，最终是一个样子了。

这便是它命运的两难，也是一种历史的必然。

在这历史的必然中，我们是否看到一种黄的颜色渐渐淡远，一种蓝的颜色渐渐明亮？在这象征着人类进步的两种颜色的转换中，还有一个不变的东西，那就是交流与繁荣。

敦煌给了我们一个永远应该记住的、寓意着真理的答案：

一切衰落与不幸，都由于交流的中止。

一切历史的繁盛与机遇，都随同交流而到来。

一个蓝色的巨浪打在镜头上。

定格。

（本集终）

第十一集 大漠上的孤坟

钉满粗大铁钉的木轱辘，从宕泉中嘎嘎嗒嗒穿过。马蹄踏着水中坚硬的乱石，疾流发出汨汨水声。黄昏浓重的气氛笼罩着这里的一切。

引起这个行动的缘故是——

（随着叙述改变画面。北京的苏州胡同。世纪初的意味）

1909年初夏，伯希和已经把他从王道士手中弄到的敦煌遗书运至巴黎，然后带着很少一些破损的写本来到北京，放在苏州胡同一家裱画店里装裱。七月里，我国的金石和语言学家罗振玉在裱画店见到这些绝世珍罕的中古时代的文书，大吃一惊，但还不知道这批东西的出处。

不久，伯希和邀集罗振玉和另一些名学者王仁俊、

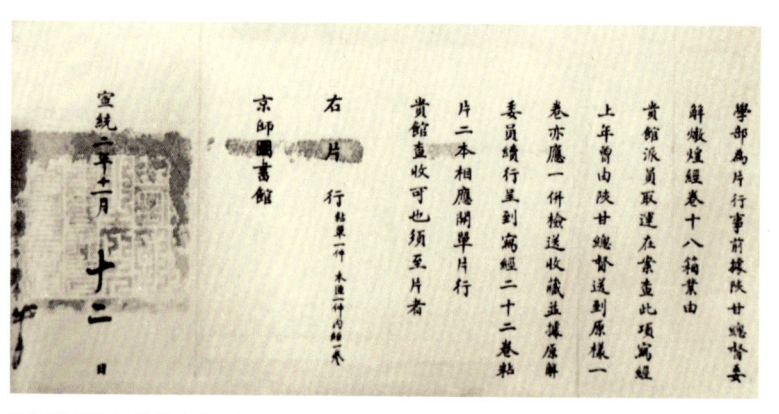

清朝学部将敦煌遗书拨交京师图书馆的电报

蒋斧、董康等人到六国饭店，当众展示了《老子化胡经》、隶古定本《尚书》等这些千年奇珍。年少气盛、得意过分的伯希和，坦言说出这些宝物的由来，致使罗振玉等人如梦惊醒，受到极大震动。谁也不可能想到，那万里之外的蛮荒大漠会有如此巨大的考古发现，并且已经多半被这些穿越西域而来的西方探险家们弄走了。

罗振玉痛惜不已。可是当他听说莫高窟藏经洞内，至少还有六朝和唐宋写本数千件，便急不可待地报告给学部。

（急匆匆的步履迈过学部一尺高的门槛）

学者的大义具有一种感人的力量。他终于说服了学部左丞乔树楠，并由他代写电文，命令陕甘都督毛实君即刻封存莫高窟藏经洞内剩余的古物，严禁外国人购买。学部还拨款库银6000两，交给敦煌县令陈藩尽量收集失散的经卷文物。转年，由新疆巡抚何彦升负责，把封存在藏经洞内的文献古物全部解送到北京。

（《学部官报》第104期"行陕甘总督请饬查验齐千佛洞书籍并造像石碑勿令外人购买电"）

罗振玉是敦煌遗书碰到的第一位恩人，但这并不意味着它的厄运已经结束。

在黄昏迷离的光线里，车轮跃上滩坡。

大锤砸开草率地封堵在藏经洞外的木板和土块。

袋装的敦煌遗书被搬了出来。带着厚厚尘土扔在大车上。连木箱也没有，只用草席捆扎遮盖。有力的大手把堆满车上的文献扎紧。

王道士瘦小的身影待在一旁，看上去不知所措。其实就在这些卷子被封存在藏经洞那段时间里，他早做过手脚，把许多珍贵的写本都盗取出来了。

这两个被他称作"转经桶"的大木桶，就是他巧妙藏匿写本的地方；后来，英国人斯坦因再一次从王道士手里买走了大量写本；俄国人鄂登堡的收获更是惊人，一批弄走古写本3000件以上——问题都出在这两个大桶上。从敦煌到兰州那些大大小小的官员从来不拿藏经洞当回事，王道士才敢如此胆大包天。

伯希和在莫高窟栈道上

吉川小一郎从我国西部运走大量的文物

民国初年（1912年—1920年），甘肃和新疆一带，经常有人向外国人兜售这种古老珍奇的写本，其散失之严重可以想见！

直到民国八年（1919年），甘肃政府有了耳闻，又命令敦煌当局查找流失的敦煌遗书时，再次把藏经洞打开，里边居然还埋藏着94捆！

中国的文化就这样被无知荒唐地虐待着！

深夜，解运文献的大车在一座衙门前缓缓停住。

当这辆大车停在敦煌衙门的门口时，便开始了被偷窃的痛苦的历程。沿途，大小官府如同层层关卡。官员们和经手人雁过拔毛，不断把手伸进这"运宝"的车中。他们根本不懂这宝物指何而言，只知道它们价值连城而决不放过机会捞一把罢了。

文物，在纯正的文化人的眼里是精神财富；在无知而贪婪的人眼里只是一种变相的黄金。

然而，最厉害的一关，要算主管此事的新疆巡抚何彦升。

当大车到达北京打磨厂时，他竟让儿子何震彝把车子接进他家。由何震彝和他的岳丈李盛铎，以及刘廷琛、方尔谦等人一同把车上所有经卷写本翻了一遍，择其精好，悉数窃取出来。为了怕缺了件数，被人发现，竟将较长的卷子一撕为二来充数。

（北京图书馆所藏被撕开的敦煌经卷文书）

李盛铎窃去的那些文书，后来以8万日元卖给了日本人。

（1935年12月15日至21日的《中央时事周报·学舣》栏所刊《德化李氏出售敦煌写本目录》）

这便是敦煌文化悲剧中一个最黑暗、最丑恶的细节了！

就这样，这批敦煌遗书的劫难才算到头。在大车把这些劫后仅存运进京师图书馆时，总卷数为8697号。仅仅是它出土时的五分之一！而且绝大部分都是佛经，那些具有无限深广的社会经济意义与极其丰富的世俗生活内容的文书，差不多都被伯希和与斯坦因运走了。

（北京图书馆收藏的敦煌遗书）

一边是历经巧取豪夺的种种劫难，一边则是一代知识界的先贤们，以救火般的速度与激情抢救着失散的文化。

就在罗振玉看到伯希和出示那些文献的当月，他便在《东方杂志》发表了《敦煌石室书目及其发见之原始》一文，记录了这次见到的敦煌遗书12种和书目31种。首次向国人公布敦煌遗书是无比重要的发现，以及痛失这些文书的真实状况。

凡具有责任感的人，都会感到心中有口钟，为他所敲响。

（《东方杂志》第六卷十期）

罗振玉等学者在得到伯希和允许后，把这为数不多的文献拍成照片。两三个月里，就把这些文书录文刊行出来了。

（王仁俊《敦煌石室真迹录》，罗振玉和蒋斧《敦煌石室遗书》）

伯希和返回法国后，又寄来一些照片。罗振玉好似唯恐再次失去这些文化瑰宝，马上刊印出版。

（罗振玉《鸣沙石室佚书》和《鸣沙石室古籍丛残》）

他奋力挥着一双孤单单的书生的手，迫切要把那历史的过失和文化的空洞补上。

这第一批公认的敦煌遗书研究的开山与发轫之作，更巨大和更广泛的作用，是唤醒国人的文化意识，警醒当世，自珍文化。

这一来，立即得到那些素来具有强烈社会责任心的知识界的热切呼应，当时较知名的知识分子几乎全投入进来。很短的时间里，对敦煌遗书的收集、校勘、刊布、研究，全方位展开。每部新著面世，都是一时注目的中心。各种学科的专题研究一下子并起与并立，这反映了我国知识界人才济济、实力雄厚和学术的敏锐。

（罗福葆《沙州文录补》、刘复《敦煌掇琐》、罗振玉《雪堂校刊群书叙录》和《敦煌拾零》、王国维《敦煌发现唐朝之通俗诗及通俗小说》、刘师培《敦煌新出唐写本提要》、陈寅恪《敦煌本维摩诘经文殊师利问疾品演义跋》、郑振铎《敦煌的俗文学》、向达《论唐代佛曲》等）

一方面，敦煌遗书的丰富内涵开阔了学者们的学术视野；另一方面，学者们所开拓的多领域、多学科、多角度的研究，使得敦煌遗书更显出博大深厚与绚丽光华。

请你特别注意这两部书——

一部书是存古学会编辑刊行的《石室秘宝》，它破天荒地影印出4幅莫高窟壁画。

（莫高窟第221窟《唐代画壁弥陀法会图》、第263窟《唐代画千佛岩图》、第 217 窟盛唐《唐人画壁太子求佛舍利图》和第 251 窟《唐人藻井画佛堂内诸佛图》。从书中插图到实物景象的镜头）

以前中国的知识界从未关注过敦煌。自敦煌遗书的悲剧发生，才使得人们心系于那个万里之外的文化圣地。然而当时还没有一个人去过敦煌，印象中一片虚无。这几幅照片却像揭开天国大幕的小小一角，使人窥见了敦煌无上的灿烂神奇。它无疑成了数年之后，许多学者和艺术家纷纷奔赴敦煌考察的一个直接的根由。

另一部书是刘复（半农）的《敦煌掇琐》。刘半农是一位天才的诗人。这部反映着文学家对世俗生活兴趣角度的敦煌遗书辑录，总计 104 件，全部是他在法国留学时，在巴黎国家图书馆抄录下来的。这些写本就是伯希和当年在敦煌的猎物。仅仅这 100 多件写本，就大角度地展开中古时代社会生活的众生图景。

更重要的是，刘半农是第一位把流散到欧洲的敦煌遗书亲自抄录并送回来出版的人。在他以前，学者得到的流散海外的文献资料，仅仅依靠伯希和赠予的极有限的照片。这样一来，把人们的目光移到海外。一种追寻流失、挽回财富的责任，就促使后来不少学者相继远涉重洋，到欧洲去寻找昨日失却了的中华宝藏。

（巴黎风光。巴黎法国国家图书馆）

1934 年以后，学者向达、王重民、于道泉、王庆菽等人背负使命奔赴巴黎与伦敦去查寻遗失的国宝。姜亮夫则是自费赴欧，倾尽家财。中国知识分子珍爱中华文化的精神以及赤诚的行动，至今仍然打动着我们！

这些学者整日埋头在博物馆和图书馆里,抄录收藏在那儿的敦煌遗书,并设法拍成微缩胶片。单是向达抄录的资料就达200多万字。他们心中的愿望原是一个,就是要把斯坦因和伯希和从敦煌搬走的一字不少地送还给敦煌!

(王重民《巴黎敦煌残卷叙录》,姜亮夫《瀛涯敦煌访古劫余录》。向达《伦敦所藏敦煌卷子经眼目录》《记伦敦所藏的敦煌俗文学》等。牛津大学图书馆、大英博物馆东方部、巴黎图书馆

罗振玉和王国维

外景与内景)

那是怎样神圣虔诚的敦煌情结!

当他们千辛万苦把这些材料带回国时,却正值日本人用战火狂烧中国的江山。他们无法潜心研究。姜亮夫大部分手稿竟在日本侵华战争中毁于战火。

灾难又碰倒一张不幸的敦煌文化的多米诺骨牌。

而那个被肆掠了文献宝藏而兀自立在荒漠上的莫高窟,依然不能免于灾祸。

不时有来自海外的窃贼钻入洞窟,朝着壁画与塑像下手;游人漫题与日俱增。牧羊人常把羊群赶进洞窟来躲避中午的毒日头。

20世纪20年代初,一批在十月革命中被打败的白俄官兵窜入中国境内,大约550人,给中国当局抓获。敦煌的官员竟

然把莫高窟的洞窟当作最好的拘留地，认为这里四外大漠，关进去就只能老实待在里边；一旦逃出来，唯有饿死。于是，这批白俄官兵便在洞里胡作非为，把潦倒绝望、几近疯狂的心情全发泄在壁画和雕塑上。任意涂抹乱画，写上斯拉夫语的下流话，还把一个安放古代公主遗骸的密室打开，文物掠夺一空。在这批白俄被拘留的半年的日子里，他们在洞窟中支灶做饭，烟熏火燎，留下永远抹不去的污迹。

（莫高窟第196窟甬道、第186窟、第445窟等）

这乌黑的历史阴影告诉我们什么？

这藏经洞的悲剧又告诉我们什么？

损害中华文化的难道仅仅是外人？

史学家陈寅恪在为大型的北京图书馆所藏敦煌遗书目录书《敦煌劫余录》作序时，有一段痛心疾首的话：

"敦煌者，吾国学术之伤心史也。其发见之佳品，不流于异国，即秘藏于私家。兹国有之八千轴，盖当时唾弃之剩余，精华已去，糟粕空存，则此残篇故纸，未必实有系于学术之轻重者。在今日之编斯录也，不过聊以寄其愤慨之思耳！"

（陈垣、俞泽箴《敦煌劫余录》1931年中央研究所历史语言研究所版）

这话真如霜天号角，呼叫着当世国人的文化良心；又如低谷悲鸣，唱尽一代学人痛楚尤深的文化情怀。

云林，霜林，深谷，流泉。

然而，陈寅恪又说："自（敦煌遗书）发见以来，20余年，东起日本，西迄法英，诸国学人，各就其治学范围，先后咸有所贡献。"

吉川小一郎拍摄的莫高窟（1912）

（法国、英国、日本等国早期敦煌学著作。包括伯希和《巴黎图书馆敦煌写本目录》，日本《燕尘》杂志和《朝日新闻》有关文章等）

这位学贯中西的大学者从他辽阔深邃的思想视野中，提出一个崭新又是历史性的学术概念："敦煌学者，今日世界学术之新潮流也。"并望我国学者，"对内不负历劫仅存之国宝，对外襄进世界学术之将来"。

敦煌学科一确立，对于敦煌遗书的研究推波助澜，蓬勃兴起。

自20世纪40年代，学者们开始奔往西北大漠，去考察敦煌遗书更深远的历史文化背景，同时把自己的文化责任送到那个久久被遗忘、被丢弃的伟大的莫高窟中。画家是莫高窟的行家。他们更是积极地参与进来，勘查洞窟，临摹壁画，考证年

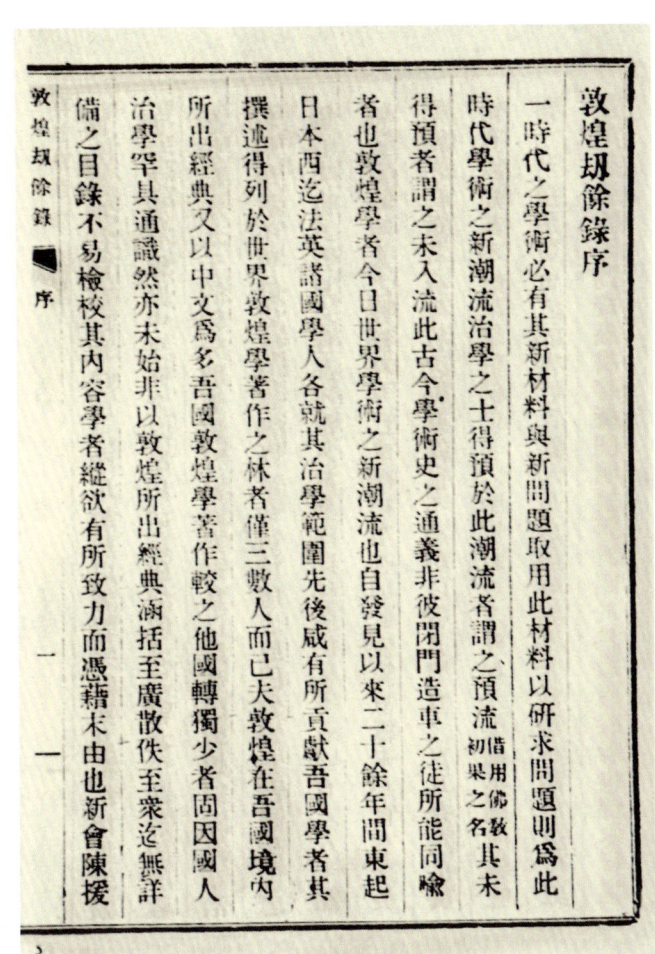

陈寅恪为《敦煌劫余录》写的序

代与源流。通过文章与展览，向全社会传播了敦煌独有的神奇又迷人的艺术形象。

（最早一批到敦煌莫高窟的画家：关山月、黎雄才、吴作人、谢稚柳、董希文、潘絜兹等）

凡是在 1941 年到 1943 年这段时间千里迢迢到达敦煌的艺术家，都在那里见过一位蓄着长髯、身穿土里土气的驼毛长袍的中年人，并吃惊地认出他就是名满海内的一代宗师张大千。

在当时，任何人都无法明白，如此一位功成名就的绘画巨匠，怎么会突然离开他辉煌夺目的生活和在中国画坛太阳一般的地位，来到这举目苍茫、绝无人迹的天地中？

在这里——

眼睛里只能看到一条笔直的地平线。

耳朵里只能听到自己呼吸时的声息。

难道只为了寻找中古时代的绘画真迹？

难道仅仅由于在中原很少能看到唐人绘画的手迹，而只有在莫高窟这里才能目睹"曹氏山水、吴带当风"的货真价实的原本模样？

张大千在临摹壁画

（莫高窟壁画的"曹家样"和"吴家样"）

他原打算在这里观摩3个月。在抵达莫高窟的那天清晨，便提着马灯一头扎进洞窟里，看过一天就改变了主意，他说："了不得！比我想象的不知伟大多少倍！恐怕留下半年还不够！"

随来的人可能会认为这是艺术家一时激动难耐的话，一种心情的夸张表达。谁知他一待果然7个月。

粗略浏览了莫高窟的张大千，便对各个时代的壁画风格做出如下论断："两魏疏冷，林野气多；隋风拙厚，窈奥渐启；驯致有唐一代，则磅礴万物，洋洋乎集大成也；五代宋初，蹑步晚唐，迹渐芜近，亦世事多故，人才之有穷也；西夏诸作，虽刻画极钝，颇不屑踏陈迹，然以较魏唐，则势在强弩矣！"

这一论断在今天看来，依然准确精辟。如此深刻的观察，必然伴随着他对莫高窟非同寻常的挚爱。

然而为什么在这七个月里，他却很少动手去摹习壁画，而是爬上爬下把五层的洞窟全编上号码？如今在莫高窟常常见到两种旧日的编号。一种是伯希和的编号，阿拉伯数字前面有个"P"字标记，总计171号；一种是张大千的编号，汉字数码大写竖题，总计309号。张大千字体风格是一望便知的。

（张大千编号的墨迹）

谁能说他这样做，仅仅是为了后来大规模临摹壁画时便于识认？

7个月后，他到兰州，把很少的一些临摹品托人送到成都，办了个小小的"西行纪游画展"，却迎头遇到激烈的批评，说他沾染上民间画工的俗风匠气，走入魔道。

张大千哑然一笑，不屑一答，转年春天，携带全家深深扎入莫高窟。此行邀来好友谢稚柳。谢稚柳不单是画家，还是古画鉴定大家，张大千显然要用追本求源的态度来面对莫高窟浩大的艺术宝藏了。

（谢稚柳《敦煌艺术叙录》）

粗糙的食物，玉门油矿生产的土蜡烛，咸涩的水，骤然而至的

莫高窟第17窟藏经洞十一面观音变相挂图·国家博物馆藏

人类的敦煌

RENLEI DE DUNHUANG

张大千在莫高窟前喂养野鸭（1941）

沙暴，野狼，流窜的土匪，构成了他艰辛危迫的生存环境。

单从这题壁上的话，就知道他当时真正的生活情态了。

（榆林窟第25窟张大千题壁：辛巳（公元1941年）十月二十日午后忽降大雪正临摹净土变也）

一位朋友借给他一支骆驼队，帮助他从很远很远的一条干涸的河床旁，运来烧饭用的枯木。这支慢吞吞的骆驼队来回的路程需要八天，拾柴一天，每趟要用九天的工夫。而每趟运来的木头，刚好供九天之用。所以这支劳苦的骆驼队永远是在长长的路途上不停地走着。

（干涸的河床。枯木。跋涉在大漠中的骆驼队）

这骆驼不就是画家本人的象征吗？

他在阴暗的洞窟里，孜孜不倦地工作两年有余。临摹作品达276件。小的数尺，大至数丈。平均两三天一幅。这是多么巨大的工作量！

因此，最深刻的体验在他的临摹复制之中。这种在洞窟里的复制工作，一如当年画工们作画一样。人站在洞窟里的架子上，一手秉烛，一手作画。他要先把墙上的形象拷贝在透明的蜡纸上，为了怕不小心弄脏壁画，蜡纸悬空垂立，运笔临空勾线，这就真切地体验到画工们工作的艰辛与技艺的非凡。

张大千在洞窟中临摹壁画的种种姿势与勾线细节。

（张大千的话："今天，午前八九点钟，敦煌的太阳射进洞子，一到过午之后，太阳往南走，光线就暗了，不方便。因为洞门多半很小，里边高大，要光线只有点火；点着火画，墙又高又大，搭起架子，人站着还可以，最困难的就是天花板上的高处，和接近地面的低处，一高一低，画起来都很困难。""试想他们（画工们）在天花板上所画的画，手没有依靠之处，凌空而画，没有一笔懈怠。还有靠近地面的地方，离地只有二尺高……在地上侧躺着画，比仰天画还难。古人的功夫真不简单。""他们一生的精力都牺牲在艺术上。在敦煌洞里，就埋没了不少有功夫的画家，连姓名都没有留下来。"）

还有他亲自从青海塔尔寺请来协助工作的藏族画师昂吉等人。这些民间奇人能缝制十二丈的大画布，运用重彩的本领令他钦佩不已。仿佛使他看到了一千年前那些生气蓬勃、技艺高超的民间画师。在繁华绮丽的大都市里，哪里能找到这种健康豁朗的绘画气息？

他感到他与中华文化最富活力的奔腾澎湃的源头衔接上了。他激情地认同了这与生俱来的精神血缘。

他对敦煌，远远不只是艺术情感，而是博大深远的文化情感。

国民政府监察院院长于右任视察西北，到达敦煌，听说张大千住在莫高窟，便来参观。他深为莫高窟艺术所震动，也为几近荒芜的莫高窟的景象叹息不已。于右任临时下榻莫高窟对面的下寺。张大千和他长长谈了两个晚上，要求政府设立专门机构，保护和研究这座中华文化与艺术最伟大的宝库，挽救莫高窟于濒临毁灭之中。

张大千的话，使于右任深感于心。他返回重庆后，立即写了建议书一件送达国民政府。

（建议书见于《文史杂志》第二卷第四期。1942年2月15日出版）

在建议书如下的书面内容上标出重点：

……右任前次视察西北，因往敦煌县参观莫高窟之千佛洞……志称千余洞，除倾地沙埋者外，尚有五百余。有壁画者计三百八十，其中壁画完整者二百，包括南北朝、唐、宋、元各时代之绘画泥塑，胥为佛经故事。其设计之谨严，线条之柔美，花边之富丽，绝非寻常匠画，大半出自名手……而各时代供养人之衣冠饰物用具，亦可考见当时风俗习尚。洞外残余走廊，犹是宋时建筑。惜过去未加注存，经斯坦因、伯希和诱取洞中藏经及写本书籍，又用药布拓去佛画，将及千数。复经白俄摧残，王道士涂改。实为可惜……此东方民族之文艺渊海，若再不积极设法保护，世称敦煌文物，恐遂湮销，非特为考古家所叹息，实为民族最大之损失，用此提议设立敦煌艺术学院……寓保管于研究之中……是否可行，理合具文，提请公决。

其苦心焦虑之情，已经溢于言表了。

建议书终于见了成效。1943年6月，国民政府决定成立"国立敦煌艺术研究所"。由教育部出面，邀请自法国留学归来的卓有成就的画家常书鸿担任筹委会副主任，负责筹办。

这一切的缘起，便是在张大千这里了。

现在我们理解张大千了：他不单是一位挚爱传统艺术的杰出画家，更有一份庄严的文化良心。

当常书鸿到达莫高窟的时候，在这里守候了两年的张大千就要启程离去。

张大千临行时，把一卷东西交给常书鸿，神秘地告诉他，要等他走后再看。至于这卷东西究竟是什么以及其中的含义，全是后话了。

1944年，"张大千临摹敦煌壁画展"相继在成都和重庆展出，轰动一时。精美绝伦的临摹品把千里之外灿烂的敦煌展现在国人面前。一阵从未有过的清新华美之风吹入人们的心中。在人们钟爱的文化事物里，从此出现了一种由张大千的生花妙笔传送来的敦煌形象。

努埃特拍摄的敦煌壁画

临摹和复制，由此也成了敦煌学中不可缺少的研究手段。

陈寅恪说：

> 自敦煌宝藏发现以来，吾国人研究此历劫仅存之国宝者，止局于文籍之考证，至艺术方面，则犹有待。大千先生临摹北朝唐五代之壁画，介绍于世人，使得窥此国宝之一斑，其成绩固已超出前人研究之范围，何况其天才独具，虽是临摹之本，兼有创造之功，实能于吾民族艺术上别创一新境界，其为敦煌学领域中不朽之盛事，更无论矣。

沈尹默先生想到了三年来，那些对张大千的种种不解与误责，感触良多，挥笔写道：

人类的敦煌

RENLEI DE DUNHUANG

1941年，常书鸿在重庆沙坪坝凤凰山写生

三年面壁信堂堂，万里归来鬓带霜，
薏苡明珠谁管得，且安笔砚写敦煌。

是啊，他把敦煌无穷的美散布于天下，同时把自己对敦煌深切的爱留在那地处天边的艺术宝库里了。但此刻他不再有那种即使人在敦煌也会常常生出的忧虑不安。因为一位像天王力士一样的敦煌的保卫者已经站在莫高窟前。

当年，敦煌艺术研究所正式成立。常书鸿任所长。

（字幕：1944年2月1日）

常书鸿来到敦煌走了一条太长太长的路，起点是在六年前地球的另一边巴黎。

这天，他从他心中的圣殿卢浮宫走出来，正为着刚刚看到的达·芬奇的《蒙娜丽莎》、安格尔的《土耳其浴室》、德拉克洛瓦的《西岛大屠杀》、莫奈的《睡莲》和米勒的《晚祷》这些名作激动不已。那时，巴黎是中国年轻一代画家向往的世界美术的中心。他在这个中心已经露出鲜亮的头角。在同行们艳羡的目光中，他的几幅优秀之作被一些博物馆收藏。

（常书鸿早期油画作品：《沙娜画像》现藏蓬皮杜艺术中心；《裸妇》现藏里昂博物馆。卢浮宫珍藏的达·芬奇、德拉克洛瓦、安格尔、莫奈和米勒的作品。卢浮宫外景）

他穿过秋天里分外美丽和灿烂的卢森堡公园，去塞纳河畔逛旧书摊。

他将飘落在一部大画册封面上的一片金色的叶子拿开。书名露出来——《敦煌石窟图录》，伯希和编著。

下面是常书鸿自己的话：

我打开了盒装和书壳，看到里面是甘肃敦煌千佛洞壁画和塑像图片 300 余幅。那是我陌生的东西。目录序言说明这些图片是 1907 年伯希和从中国甘肃敦煌石室中拍摄来的，这是从 4 世纪到 14 世纪前后 1000 年中的创作。这些壁画和雕塑的图片虽然没有颜色，但可以看到大幅大幅佛教画的构图。尤其是 5 世纪北魏早期的壁画，他们遒劲有力的笔触，气魄雄伟的构图，像西方拜占庭基督教绘画那样，人物刻画生动有力，其笔触的奔放甚至比现代野兽派的画还要粗野。但这是距今 1500 年的古画，这使我十分惊异，令人不能相信！

他入迷了。卖书的人对这个显然买不起画册的中国穷学生说："还有许多彩色的敦煌绢画就在前边不远的吉美博物馆，你不必买它了，还是亲自看看再说吧！"

下边还是常书鸿的自述——一种老者的声音和回忆往事时自言自语的语气：

我来到吉美博物馆，那里展览着大量伯希和从敦煌盗来的唐代大幅绢画。有一幅是 7 世纪敦煌佛教信徒捐献给敦煌寺院的《父母恩重经》。时代早于文艺复兴意大利佛罗伦萨画派先驱者乔托 700 年。这一事实使我看到，拿远古的西洋文艺与我们敦煌石窟里的艺术相比较，无论在时代上或艺术表现技法上，敦煌艺术更显出隽永先进的艺术水平，这对于当时的我真是不可思议的奇迹。因为我是一个倾倒于西洋文化的人，而且曾非常自豪地以蒙巴那斯的画家自居，言必称希腊罗马，现在面对祖国如此悠久灿烂的文化历史，自责数典忘祖，真是惭愧之极，

人类的敦煌 RENLEI DE DUNHUANG

1965年,常书鸿在敦煌办公室工作

不知如何忏悔才是!""我决心离开巴黎,而等待着我离开巴黎的是蕴藏着千数百年前敦煌民族艺术的宝库。"

火车驰过欧洲的原野。1936年。

然而,常书鸿回国后,他距离敦煌不是愈来愈近,而是愈来愈远。

北海公园。常书鸿与朋友们聚会,忽然炮声隆隆响起,惊起湖中水鸟。

(字幕:1937年卢沟桥事变)

南来北往的动荡生活。国立艺术专科学校任校。举办画展。逃难。随后来到抗战的大后方——作为"陪都"的重庆。中国最重要的文化人也都集聚在这里。

一天,忽然听说于右任想请他去敦煌筹建艺术研究所。他完全不知道一年前张大千在莫高窟与于右任那次彻夜长谈,更不知道于右任这个决定是把一个艺术家的良心,传递给另一个有良心的艺术家。因而他感到事情来得有些意外。可是6年前在巴黎那段往事，那份激情，仍旧毫不减色地在他心中。

他决定去！徐悲鸿和梁思成都是他的支持者。

在去敦煌前，我曾拜会过于右任先生。他说，他看到千佛洞，在整个世界上都是罕见的，所以不管国家如何穷都要设法保护。但是那里是沙漠，与城市隔绝，生活十分艰苦，如果没有事业心的人到那里去，肯定是干不久也干不好的。敦煌的保护和研究关系到民族的历史、宗教、文字、艺术等各方面复杂的学问，不是一手一足短时间内所能完成的。

于右任这一份沉甸甸的文化责任，与他的内心产生强烈共鸣。他只是没有把敦煌的艰苦看得很重。等他到了安西，骑着骆驼一路西去，一步步好像离开人世一般愈走愈荒凉和寂寞时，才渐渐体会到于右任那些话真正的分量。

从兰州到敦煌有1000多公里的路程。到了安西，前边没有路，四下茫茫皆大漠。怪不得在兰州，人人提起戈壁滩，都是谈虎色变。此时再看同来的几位全像苦行僧一样。

过了瓜州口后，骆驼客告诉我们，下一站在甜水井打尖。这名字在我们心中激起一阵兴奋的涟漪，在枯燥的沙漠旅行，谁不产生对水的珍爱与向往呢！当夜在繁星之下我们来到甜水井，大家都盼望着痛饮一次甜水，好不容易从井里打上半桶，谁知喝到嘴里又苦又臭，刚才那种如饮玉液琼浆的憧憬一下子云消雾散了。第二天清晨才发现，原来井口周围堆满兽粪，这些水是牲口连吃带拉，长年累积的结果。一位骆驼客见我叹息失望的心情，便说："从安西到敦煌120公里的戈壁滩上，还只有这一口井哩，别看不好喝，对我们牵骆驼的人来说，可真是一口救命的甘泉！"

看吧，这就是他此生的目的地了。甜与苦有它自己的标准。怎样的人才能拿起这个凡夫俗子见了会掉头而去的标准呢？

他想到了玄奘。

自古在这道上的行者，都是像玄奘、张骞、朱士行、法显这样千辛万苦、百折不回的人。这并不是因为他们天生能够吃苦受难，而是他们心怀非凡的志向，还有一腔热血……于是，就这样，他来到了莫高窟。

当一轮红日从嶙峋的三危山高峰升起来的时候，我们完全被眼前壮观的景象陶醉了。不远处，透过白杨枝梢，无数开凿在峭壁上的石窟，像蜂房一样密密麻麻。灿烂的阳光，照耀在壁画和彩塑上，金碧辉煌，闪烁夺目，像一幅巨大的镶满珠宝玉石的锦绣展现在我们面前，令人惊心动魄，赞叹不已。一股涌自肺腑的对伟大民族艺术的敬仰爱戴的心情油然而生。我们跳下骆驼，向着向往已久的莫高窟跑去。

初次展现在常书鸿面前就令他神醉心迷的画面。第275窟十六国《毗楞竭梨伽本生故事》。第217窟《化城喻品》。第285窟西魏的《狩猎图》和《行云流水》。还有五代的彩绘窟檐斗拱，隋代窟顶联珠飞马图案。盛唐飞天。一幅幅巨型的金碧辉煌的经变画……

那种跃动不已的生命气息，风驰电掣的动感，遒劲超逸的线条。异想天开的色彩，令他惊呆了！

在这伟大的民族艺术宝库前，我深深内疚的是，自己漂洋过海，旅欧时期，只认这希腊、罗马和文艺复兴时期的艺术是世界文艺发展的顶峰，而对祖国伟大灿烂的艺术却一无所知。

今天才如梦初醒，追悔莫及！

听听一个有良心和责任感的艺术家进入藏经洞后的内心独白吧——

20世纪40年代的敦煌

"当时,我默默地站在这个曾经震动世界而今空无所有的藏经洞中央的洪䇝造像坐坛前,百感交集,思绪万千。宝藏被劫掠已经过去三四十年了,而这样一个伟大的艺术宝库却仍然得不到最低程度的保护和珍视。就在我们初到这里时,窟前还放牧着牛羊,洞窟被当作去金沟淘金沙的人夜宿的地方。他们在那里做饭煮水,并随意毁坏树木。洞窟中流沙堆积,脱落的壁画夹杂在断垣残壁中随处皆是,无人管理,无人修缮,无人研究,无人宣传,继续遭受着大自然和人为毁损的厄运……忽然,砰然一声巨响把我从沉思中惊醒,原来是三层上面第444窟五代造的危檐下崩落一大块岩石,随之是一阵令人呛塞的尘土飞扬。我不胜感慨。负在我们肩上的工作任务将是多么艰巨沉重!

他以匪夷所思的强大斗志,与一切威胁莫高窟的事物宣战。

用"拉沙排"清除数百年积存的流沙,踩着"蜈蚣梯"上上下下勘察洞窟,还要把那些被泥沙埋没的底层洞窟清理出来。最大的工程是打一道2米高、2000米长的围墙,把羊群、窃贼和沙暴阻挡在外边。为了这道墙,他还要去40里以外的敦煌县城去筹措经费,被那些刁钻又贪婪的小官员愚弄,并满足县长大人索画的欲求。

新建起来的长长的围墙好像他有力的臂膀,把莫高窟拥抱在他的怀里了。莫高窟好像第一次有了温暖的家。他快乐极了。有了这快乐,哪里还管它酷日似火,寒夜如冰,还有那咸水煮的面片、拌盐的韭菜和红柳枝的筷子!

一批青年画家们从大后方来了!

史岩、董希文、张民权、乌密风、周绍森、潘絜兹等全都是优秀并志向远大的人才。常书鸿把妻子和女儿也接到这里。有了缭绕的炊烟,饭菜的香味,欢声笑语,以及女人和孩子的气息;每逢开会议事,打钟声从三危山的一边响到另一边,莫高窟变得生气盈盈。有了他们在这里安营扎寨,洞窟中天国的神仙们仿佛也恬然微笑了。

临摹研究工作全面开始。生活更加紧张而充实。

记得张大千1943年初离开莫高窟时,半开玩笑地对我说:"我先走了,而你却要在这里无穷无尽地研究保管下去,这是一个长期的——'无期徒刑'呀!"

那时候,常书鸿孤单得很。在面对着长久荒芜、好似千疮百孔的莫高窟时,这句话显得十分沉重。他感觉,"无期徒

莫高窟第17窟藏经洞绢画·普贤菩萨像(盛唐)·吉美博物馆藏

刑"四个字真像一块巨石，死死压在自己的肩上。尽管他是心甘情愿的。可是现在不同了，这"无期徒刑"是不是也不那么可怕了？

可是，命运造就一个人的法宝，从来不是幸运，而是残酷的挫折和不停顿的打击。

常书鸿遇到的第一个打击实在太意外了。

莫高窟第472窟中心柱南向龛
释迦佛与阿难迦叶（隋代）

大西北的冬天是风大天冷，滴水成冰，经过寒冬的煎熬，开春以来，大家都开心地上洞子工作。但我发现妻子的工作热情下降了，临摹塑像的泥和好了，基座好多日子也搭不好。她说有病，坚持要马上去兰州医治，我工作繁忙没法抽身陪她去兰州。但她走后多日一直没有音信。那一天，我去洞中临摹壁画，董希文来洞子劝我宽心，并说师母可能不会来信了。这很突然，在我的追问下，他拿出一叠信，说老师您不生气我就给您看。我答应他，一看信，简直呆了。

他扯过马猛地跨上去纵骑狂奔，很快就在大漠中变成一个小小的黑点。

日夜兼程地追赶着。

我气得悲痛欲绝，连话也说不出来。只有一个念头,赶紧追,把她追回来……我拼命往前赶，估计她最多只能走到安西，宿夜后才能继续往前走，我只要在天亮前赶到，就能找到她……

人类的敦煌

RENLEI DE DUNHUANG

1954年，常书鸿的夫人李承仙临摹窟顶壁画

　　第二天早上，赶到安西，但找遍车站和旅店，也没找到她的影子，只听人说，前几天有一辆汽车往玉门关方向走了，司机旁好像坐着个打扮漂亮的女人。失望和疲惫一下子侵袭我的全身。我强打着精神，继续向玉门关方向追去，不知道追了多久，也不知在什么地方，我颤悠悠地从马上摔了下来，什么也不知道了。

　　后来才知道，我是被当时在戈壁滩上找油的一位地质学家和一位老工人救起的。在休养期间，当地一位农场的场长来看我时告诉我，不要再追了。她已经到了兰州，并立即登报声明与我脱离了夫妻关系。

　　戈壁滩上，一辆马车上躺着疲软无力、面色死灰的常书鸿，向着远远的三危山走去。

　　在选择事业还是家庭这一关键时刻，我又回到敦煌。

　　在苦不成寐的长夜里，回想回国之后几年来坎坷风雨，回想妻子跟我一起遭受的痛苦，在怨恨之后，心头又袭来一阵自责。是啊！我没重视她的思想变化，没帮她解开思想上纠结的疙瘩。在贵阳，遭日寇飞机轰炸后，她精神上的创伤难以愈合。

敦煌是一个佛教圣地，她作为一个信仰基督教的人，也许内心有一种深刻的不适应。过惯了长期的法国留学的生活，在这过于艰辛又没有尽头的生活中，是很难挺过去的。我自己一心沉在工作里，没有时间照顾家庭和妻子，工作不顺心时也常常发生争吵……这一切，都是我所忽视的，我的失误！

现实不但给他以苦难，还给他另一个伙伴——孤独。

他孤零零站在三危山山顶上，空无一物的戈壁大漠中，流动不已的宕泉前……然后是莫高窟254窟漆黑的洞窟里。

忽然洞内大放光明。显现四壁和窟顶所有灿烂夺目的壁画。

使他在痛苦煎熬中的灵魂获得升华的就是这幅《萨埵那太子舍身饲虎图》。

它那粗犷的画风与深刻的寓意，又一次强烈地冲击着我。我想萨埵那太子可以舍身饲虎，我为什么不能舍弃一切侍奉艺术、侍奉这座伟大的民族艺术宝库呢？在这兵荒马乱的年代里，它是多么脆弱，多么需要保护，需要终生为它效力的人啊！我如果为了个人的磨难就放弃责任而退却的话，这个劫后余生的艺术宝库可能随时再遭劫难！

他现在才算真实地体验到这无期徒刑的滋味，无期徒刑的分量，无期徒刑的神圣！

尽管他承受这一次打击，可是再一次的打击同样是意外和残酷的。

刚刚从痛苦的深渊中站起来的常书鸿，接到国民政府教育部的一道命令：撤销国立敦煌研究所，把敦煌石窟交给县政府。

（字幕：1945年7月）

理由是抗战胜利，百废俱兴，资金有限，必须精简机构。

这一突如其来的变故，给我一个严重的打击。我拿着命令，简直呆傻了，前妻出走的折磨刚刚平息，事业上又遭到来自政府的这一刀，我真忍无可忍了！

经费断绝，事业落空。日本投降后，很多人想回到过去的敌占区与家人团聚。于是，一个类似散伙的局面到来了。

走了，走了，他们一个个都走了。对我来说，无疑失去了同志，至交，工作中的好帮手，患难中相濡以沫的亲人，又有什么办法呢？

比起妻子的离去，他体验到更宽广的孤独。戈壁滩最可怕的就是这无形的孤独。

天宽地阔，月亮显得很高，很远，很小；是不是戈壁滩实在寂寞，连月亮也无情地远远避开。月光是蓝色的，照在任何地方都清冷凄凉，叫人不寒而栗。

风天过去，窗缝里总会积一些细细的流沙。

偶尔传来几声狼嗥。他却早已听惯了。

我披衣走出屋，向北端石窟望去，层楼洞天依稀可辨，那里蕴藏着多么珍贵的壁画和彩塑！

莫高窟第220窟盛唐金碧辉煌的大型经变画。

莫高窟第285窟西魏那浪漫神奇的天国景象。

莫高窟第61窟五台山图那举世无双的形象地图。

这些都是常书鸿最钟爱的古代杰作。

当我一来到千佛洞，我就感到自己的生命似乎已经与它们融化了。我离不开它们！

真正的生活总是把弱者击得粉碎，把强者百炼成钢。

在它疯狂的打击下，非但没有把常书鸿与莫高窟分开，反而把他们破釜沉舟地连在一起。这真是生活的炼狱里出现的奇迹！

谁能说出其中的究竟！

莫高窟第285窟
主室北披（西魏）

在研究所被关闭的日子里，常书鸿奔赴重庆，与傅斯年、徐悲鸿等人为恢复研究所四处呼吁。学者和艺术家向达、陈寅恪、梁思成等用激扬的文字，造成强大声势。终于使敦煌艺术研究所得到恢复。

（字幕：1946年5月）

一批又一批年轻的画家来到敦煌。这中间许多人日后成为杰出的敦煌学者。段文杰、郭世清、霍熙亮、凌春德、范文藻、李承仙、欧阳琳、孙儒涧、黄文馥、史苇湘等。

他们更加生气勃勃。把皇庆寺的大殿作为工作间，将马厩改为宿舍，自己动手磨面粉。

敦煌艺术研究所的保护和研究工作有规划地展开。洞窟的勘察编号、标记登录工作；编选专题画集的工作；洞窟维修工作；临摹复制工作；很快都见到喜人的成果。

1948年8月28日敦煌艺术研究所在南京举办大型"敦煌

艺展"。展出作品500幅。场面辉煌，声势浩大。蒋介石冒雨参观。于右任、陈立夫、孙科、傅斯年等都是热情观众。展出不久，敦煌图案和样式就在上海的轻工业产品上出现，这表明，敦煌样式已成了世所公认的中华文化的象征与符号。

更大规模的展览在新中国刚刚成立后的北京。故宫午门楼上的展览会场。布标上写着：《敦煌文物展览》。

（字幕：展品1220件。开幕时间：1950年4月10日）

开幕前三天，周恩来总理前往展览会场参观。也是多情的蒙蒙细雨。

周总理从车里走出来。警卫把一件淡蓝色雨衣披在他身上。

他看见我们没有拿伞，站在细雨中等候他，就马上把披在肩上的雨衣脱下交给警卫。我看见他，他马上紧紧握着我的手热情地说："我早知道你！记得1945年，我在重庆七星岗也看过你们办的摹本展览会。现在规模大得多了！"

普贤菩萨像·大英博物馆藏

周总理着意地关注每一件展品——

1945年在中寺土地庙发现的北魏写经。唐代白描绢画菩萨。唐代壁画残片（实物）。彩塑模本。由北魏至元代各时代的壁画摹本，等等。

伴随着周恩来总理的声音：

我看这里和云冈、龙门石窟雕刻一样，其气势之雄伟、造型之生动，使我体味到中国艺术的"气韵生动"四个字。

当然，雕刻石头上展现的是刀斧之功，这里的壁画上却是笔墨之力，南齐谢赫的"画有六法"是当时评定中国画创作的标准，想不到在敦煌壁画中得到了印证。

你们多年来在沙漠艰苦地工作和生活，主要的任务就是保护敦煌文物，介绍敦煌文物。尤其是开凿在长达一公里悬壁上的四五百个布满千百年前古代艺术家创作的雕塑和壁画的石窟，其保护工作是繁重的。从今天我看到的几百幅壁画摹本，已经看出，你们做了非常宝贵的贡献！

在敦煌400多个洞子中还有更了不起的东西，对于这些古代文化，我们必须像对待生命一样把他们很好地保存下去。

像对待生命一样保护敦煌石窟。

对于常书鸿率领的一代人来说，可以说无愧地做到了。为了做到这一点，他们把一生都放在灼烧的沙子上，放在罕有人迹的大漠中，放在永不退却的神圣的文化信念里。

（叙述中出现如下画面。整修古代窟檐。全面抢修洞窟的工作。大规模临摹复制。对河西走廊与新疆石窟的相关性考察。出版的著作与画集等等）

幽静的中寺。浓荫匝地的古槐。阴暗而失修的房舍。简陋

常书鸿在莫高窟的故居

的室内陈设。粗糙的家具。布围墙。破书桌和老式的手摇电话机。

（字幕：常书鸿故居）

书桌的玻璃板下放着常书鸿生前的墨迹——

敦煌苦，孤灯夜读

草蘑菇；

人间乐，

西出阳关

故人多。

九十叟常书鸿题
一九九三年九月二十一日

关于这草蘑菇还有一段往事。

我常常想起1943年张大千即将与我分手时，送给我那个纸卷。我等他乘车走了，打开纸卷一看，原来是他亲笔绘的一幅弯弯曲曲在树林水渠边一个隐蔽处找到食用蘑菇的路线示意图。在敦煌莫高窟戈壁之中，没有什么蔬菜，天然的食用菌菇更难发现。如有谁发现都尽量保密。我循着大千先生的这卷地图，果真发现了蘑菇生长地，在日后生活中还真的解决了一些问题。

超出牵连着二位画家这珍罕的草蘑菇之外，便是：

敦煌千古事，苦乐两心知。

一次，日本创价学会名誉会长池田大作，向这位把一生都献给敦煌的常书鸿，提出一个追问心底真实的问题："如果你来生再到人世，你将选择什么职业？"

下面是常书鸿的回答：

我不是佛教徒，不相信转生，但如果真的再一次来到这世界，我还是"常书鸿"。

悠远而深情的音乐。

莫高窟第130窟大佛。巨大的佛头沉默不语，隔着敞开的楼窗，面对着对面一马平川的戈壁大漠。

那边极远的地方有个小小黑点，孤单又清晰。斜射的夕照把它照得深沉而明媚。那便是常书鸿的墓碑。他的骨灰就埋在那里。他真的永远属于敦煌了。

（字幕：1994年6月23日常书鸿先生逝世）

但他的英灵却难以长眠，

常书鸿的钢笔画《敦煌》

人类的敦煌

RENLEI DE DUNHUANG

常书鸿的墓碑永远矗立在敦煌大漠中

而是要永远警醒地守护着他身后的这个全人类的艺术宝库。

佛国的存在，本来是要给世人一时的抚慰；然而常书鸿们的存在，却使浩瀚的佛国得以永远安宁。

莫高窟洞窟中所有的神佛都知道，在天国之外，在这里，还有一个真正恩泽于他们的神——

那就是世人对常书鸿的称呼：

敦煌的保护神。

这保护神又不仅仅是对常书鸿个人的尊称，而是充满对所有把青春和一生都放在敦煌石窟中的人崇高的敬意。

在大漠的墓碑上定格。

（本集终）

第十二集 永远的敦煌

盟军的飞机狂轰滥炸德国首都柏林。在高射炮猛烈射击的轰鸣中,俯冲的飞机把成批黑色的炸弹投入烈火浓烟中的城市。

(字幕:1945年1月15日)

炸弹穿过博物馆的房顶在室内炸开。巨大的气浪将沙袋掀翻,把夹在中间的大幅壁画炸得粉碎。

(字幕:西柏林印度艺术博物馆)

这些壁画是当年德国探险家范莱考克从我国新疆伯孜克里克石窟割取的壁画中最精彩的28幅。它们全部毁于这次轰炸。

(伯孜克里克第32窟《印度高僧像》《供养礼佛图》《僧

新疆柏孜克里克千佛洞
第9号窟僧都统像（唐）

都统像》，第25窟《回鹘王侯家族群像》，第9窟《诸侯像》等）

美丽而珍奇的壁画碎片，被炸得四处纷飞。

它们先是被切割成一片片，搬到异国他乡；然后被炸得粉碎，烧成一片灰烬——这是中华文物最悲惨的命运之一。

但是，那些到中国来搬走这些古物的人，却另有一番言之凿凿的道理。

曾经到敦煌莫高窟割取壁画和搬走彩色塑像的美国人华尔纳就说过，他看到白俄士兵在洞窟里肆意破坏的景象时，不禁义愤填膺。接着他说：

"当我看到这种摧残文化与艺术的行为，就是剥光这里的一切，我也毫不动摇。谁能知道，中国军队会不会像俄国人那样，什么时候也驻在这里。""恐怕20年以后，这个地方就不值一看了。""我的任务是，不惜粉身碎骨来拯救和保存这些即将毁灭的任何一件东西！"

多么神圣和文明的自我感觉！

世界上原来还有这样一种保护人类文化的观点与行为！

（莫高窟中被华尔纳割取壁画后墙上遗留的残迹，还有被搬去塑像后空荡荡的须弥座）

那么，敦煌的保护神们究竟是怎样保护人类文明的呢？

五个庙石窟的外景

第十二集 永远的敦煌

他们从不幸的历史接过来的是一个将要泯灭、破败不堪的莫高窟。

除去人为的破坏，在莫高窟一公里长的崖壁上，开凿的数百个洞窟状如蜂巢，这就解构了山体原有的内在力量的均衡。

一千多年来，无人看管，荒废太久，风吹日晒，地震沙浸，烟熏霉变，再加上当年使用的材料——颜料的变质与泥皮的自然老化，致使洞窟和壁画出现大大小小的裂隙，崖面岩石粉化剥落，塑像倾斜，壁画起甲与酥碱，渐渐失去昔日的绚丽与光辉。今天我们看到的这种金碧辉煌，已经是给历史打过折扣的了。

这些损坏，有的已经形成，需要加固和整修，千方百计地复原；有的则隐患潜伏，或者继续在悄悄发生变化，今天稍不留意便会成为明天不可挽回的损失，急需精细、严格和有效的防范措施。

半个多世纪以来，敦煌保护经历了三个时期。

第一个时期是20世纪40年代，也就是"国立敦煌艺术

金刚力士像
（唐）·英
国博物馆藏

研究所"的时代。这是敦煌保护最初的创业期。

在那艰难的条件下付出的茹苦含辛的努力，使得千载以来一直在损坏的斜坡上滑落着的莫高窟，被有力地制止住了。

（修建围墙。清除洞窟积沙。安装木门。拆除洞中土坑等等）

被抛弃在大漠已久的莫高窟，第一次感受到那种爱惜的手指的触摸。

第二个时期是20世纪50年代到70年代。这个时期研究所易名为"敦煌文物研究所"。名称的改变，说明对敦煌石窟的认识，已从单纯的艺术角度走出来，而把它作为中华民族一个宝贵的文化遗存。保护的责任也就更加突出。敦煌保护进入了全面的整修期。

国家几次拨出巨款，投资于敦煌的保护项目，说明它崇高的文化地位已被确认。

20世纪60年代初对南区570米崖体和358个洞窟进行大规模加固，使得它彻底脱离了那种令人担心的危机四伏的险境。这次整修还用高低错落的桥廊与通道，将上上下下洞窟畅通地连成一体。

稳定的感觉一定也在洞内神佛的心中了。

（画面：用支墩来支顶悬岩。用重力挡墙拦挡裂岩。修复古代木构窟檐。加固外部剥落的岩壁。用铆钉固定和灌浆粘结的方法阻止壁画的松脱。扶正倾坏的彩塑等等）

这一时期的首要任务是抢救。它为下一步以预防为主的科学保护奠定了坚实的基础。

第三个时期是 20 世纪 80 年代。

它再度更名为"敦煌研究院"。

（字幕：1984 年）

这一名称不仅提高了规格，也扩大了规模。名称中对研究内容不再加任何限定，显示敦煌石窟及其遗书的蕴含之博大，已被举世认同。

为此，院下设立敦煌保护研究所、敦煌考古研究所、敦煌遗书研究所、敦煌美术研究所、敦煌音乐舞蹈研究所。还有资料中心、编辑部和摄影录像部。

（各所工作画面。有代表性人物的镜头）

一个庞大的全方位的将保护与研究合为一体的学术机构，面对着这个人类文化的宝库。莫高窟进入了它在文明事业中大有作为的时代。

段文杰任敦煌研究院院长。他是在 1946 年国立敦煌艺术研究所被撤销的最艰苦的岁月，奔往敦煌的。他和常书鸿等早期来到敦煌的学者一起，把一生的时光都无悔无怨地放在莫高窟里了。

（段文杰 20 世纪 40 年代照片资料）

敦煌研究院的建立推动了科学性的保护与研究。1993 年研究院与美国盖蒂保护所共同举办"丝绸之路古遗址国际学术

为保护莫高窟而建立的防沙网

研讨会"。15个国家100多位文物保护专家参加会议。它表明敦煌莫高窟开始运用人类最先进的科学技术,来保护古老的文化遗产了。

科学性保护主要是注重对石窟病害机理的研究,壁画修复技术的研究,以及先进科技手段的应用研究。从宏观保护到微观保护,建立起一个完整的系统。

如今所有危害石窟的或明或暗的因素,都已了如指掌,并有了相应的对策。

沙害是来自大自然的最大的危害之一。

莫高窟窟顶是一片平坦的戈壁,分布着大大小小的沙丘,远处与鸣沙山紧紧相连。每逢西风骤起,沙子在窟顶戈壁上通行无阻地吹过来,跟着就像瀑布一样从窟顶倾泻而下,堆积在窟前。每年大约有3000立方米的沙尘进入窟区!危害之大真是惊人。英国科学家李约瑟说过:

"在我十二年前（1943年）去敦煌的时候，最低的石窟大部分埋在沙子里。"

把底层的洞窟一个个挖出来，曾经是常书鸿、段文杰那一代人重要的使命之一。

然而，沙尘的危害不仅破坏景观，污染环境，还会侵蚀崖壁，磨损珍贵的壁画。

目前建立起来的"以固为主，阻固结合"的防护体系，是治理沙害的有效措施。它综合地应用工程、化学、植物等多种方式。除去栽种耐旱植物来防止风沙搬运之外，便是通过联合国教科文组织世界遗产委员会，与美国盖蒂保护所合作，将一种三角形耐热耐寒、高密度、尼龙材料的防沙网，设置在窟顶沙山周围，阻挡沙尘飞入窟区；同时在窟顶浮沙中灌注硅酸钠和硅酸钾，使沙粒板结，不能再流动。

（演示操作过程。展示防沙效果）

肆虐的风沙在这道尼龙网前变得驯服了。

这种经过反复试验而采用的高明的手段，使沙害得到明显有效的控制。

装在窟门上的滤沙网是又一道严密的防线。不再有风沙来摩擦壁画敏感又美丽的皮肤了。

裂缝是来自地质本身的病害。

这里的地质属于酒泉系的砂砾岩。它是由小鹅卵石、沙土和钙质物胶结而成。它不像河南龙门石窟和山西云冈石窟那样石质坚硬，易于雕刻，所以聪明的敦煌塑工们才采用壁画和泥塑方式来为佛造像。这种松软的砂砾岩，容易风化，浸湿后还会脱落。公元417年以来，这里有记载的地震就有数十次。大大小小、或明或暗的裂缝便是地质性病害的表现。尤其是榆林窟，所处地势低沉，崖壁常常被上涨的深谷溪流所淹浸，病害表现得尤为明显。

研究人员通过长期的科研，制定了一套将治疗和预防相结合的保护方案。

复制是保存壁画的方式之一

首先是把地下水有效地控制住，翦除病害的一个关键性根由。

采用锚索技术固定松裂的岩体。用月牙形喷锚牛腿托住危石。对于崖壁的裂缝与孔隙则施行灌浆封闭，使岩石重新成为坚固牢靠的整体。

（灌浆的过程和灌浆后的状况）

壁画，它的薄薄的表面上布满了艺术家的感觉的神经。它是最容易受到伤害的。哪怕色彩有微妙的改变，线条些许的走样，清晰度变得模糊起来——画面的情感与力度也会全然不同，魅力陡然失去了。

古代壁画服从于宗教的应用。如果壁画损坏了，通常的整修方式是抹上草泥，刷上白粉，重绘画。如今壁画是珍贵的古代文化遗存，倘若受损，必须千方百计消除损伤的痕迹，整旧如旧，恢复原貌。

在历时一千多年的漫长岁月中，洞中壁画经受着人为的刻画涂抹，烟熏火烤；大自然的风吹沙浸，日晒雨淋，再加上当时制作技术有限，材料原始，泥皮粉浆的附着力差，颜色容易老化变质，各种各样的病害就侵入壁画中来。

这些染病的壁画，有的起泡，有的龟裂，有的泥皮疏松，摇摇欲坠；有的表面起甲或酥碱，直接负载着画面的粉层完全失去了力量，裂开翘起，几乎一触即落。

然而，在治疗这些病害之前，先要弄清病因。

意大利罗马西斯廷教堂米开朗基罗绘制的穹顶画，年久变色，是由于过往几个世纪里香烛的熏染，再加上一次次整修时刷上去的亚麻油变质所致。而米兰圣玛利亚教堂修道院餐厅达·芬奇的壁画名作《最后的晚餐》，表面剥落不堪，则是由于微生物的腐蚀。

（米开朗基罗《西斯廷教堂穹顶画》。达·芬奇《最后的晚餐》）

微生物是一种霉菌。敦煌莫高窟中发生霉变的洞窟有10余个。

（莫高窟第53、54、107、115、186、200、238、140、256、435、444、467、469等窟）

大部分是底层洞窟。由于过去进入流水，或被沙埋，里边温暖潮湿，黑暗而不通风，霉菌便迅速地生长起来。

这种霉菌群生在壁画细微的裂缝里，一旦遇到适宜的湿度与温度，便爆发式地生长，产生张力，使壁画起甲与酥碱，敦煌的研究人员已经弄清霉菌的种类，采用对症的灭菌剂和控制洞窟湿度是对霉变进行防治的最佳手段。

对于已经酥碱的壁画必须及时治理，否则便要剥落甚至丧失。

创造亚当·米开朗基罗

壁画的起甲与酥碱,是最难治疗、危害最大的病。经过多年的试验,终于发明了一种"针头注入修复法"。

先用吹气球、羊毛笔等工具将起甲和酥碱处的尘土和积沙清除干净。进而用注射针筒注入一种用聚酸乙烯和聚乙烯醇配制的黏合剂。再用白绸按压壁画使其粘牢。最后用小木棍滚动轧平。

壁画表面还要敷上一层无色透明、不反光的保护液。

（演示治除病害时的各个程序）

这种方法真有些神乎其神,可怕的起甲和酥碱的壁画得到完全的治愈。

壁画的寿命被延长了。佛的寿命也被延长了。你说在人与佛之间,谁延长了谁的寿命?

敦煌石窟的保护还在不断遇到新的挑战。

在它神奇的艺术魅力和巨大的文化诱惑吸引大量游客的同时,新的威胁也在同步地产生。保护措施必须建立在这些威胁的前头。

（安全管理系统。玻璃屏风。新洞窟门）

游客带来的不仅是安全问题。

1984年1月7日美国《华尔街日报》的报道说："多少世纪以来，沙漠的干燥气候保护了石窟，现在每天参观石窟的旅游者络绎不绝，他们在石窟内的呼吸，使石窟的空气变得很潮湿，因而使壁画的色泽受到了损坏。"

1986年5月15日法国路透社记者格雷厄姆·厄恩也发出一篇内容相同的报道。题目是：《游客使敦煌瑰宝又受威胁》。

世界关心着敦煌。因为它是全人类的敦煌。

敦煌地区年平均气温为10℃。年平均降雨量为20毫米~35毫米，蒸发量为4200毫米，相当于降雨量的150倍。

干燥的气候是敦煌壁画历经千载依然灿烂夺目的秘密。它也是藏经洞中那数万件纸本文书和绢本绘画，长存千年，却鲜艳如新和完好如旧的直接缘故。

可是如今在旅游旺季里，莫高窟游客每天平均数百人，多至千人以上，每人一小时呼出40克水蒸气，按每天6小时参观时间计算，一天游客要给洞窟带进去大量的水分，洞窟中空气湿度便会发生变化，那么壁画本身会发生哪些变化？

自1989年起，敦煌研究院与一些国家合作，已经建立起全自动气象站和微机处理实验室。从空气的湿度、温度、地面湿度、光照、风速、风向、降雨量等多方面对石窟的大环境和大气候进行观测。同时在一些洞中安装电子湿度计、累计式日照仪、风速风向记录测量仪、温湿度半自动记录图谱数字化仪等，对洞窟内的小环境和小气候，包括洞窟内温度、湿度、壁画温度、二氧化碳，以及游人、车辆、飞机对石窟的震动影响进行严密监测。从中寻找各种变化的规律，侦察各种隐患的踪迹。研究应对方案与手段。

研究人员每一分钟所做的事，都是在把前人的创造留给后人。

不能叫这无比宝贵的文化财富在自己手中损失一分一毫。

这里的研究人员会用一种自信的微笑告诉你：没有什么危害会大于自己

的敬业精神。

和敦煌的保护连在一起的是研究。而敦煌有一种独特的对壁画的研究方式，即临摹。

50年来，一批批奔赴敦煌的人中，大多数是画家。从张大千、常书鸿到段文杰等等。也许敦煌首先是一条沙漠上的大画廊，一个千年绘画史博物馆，一座世界上最浩大的美术宫。最直接被震撼的是画家。所以画家们爱说一句有点过激的话："没去过敦煌的人，不知道什么是绘画史。"

但是，敦煌的临摹，不仅仅是为了学习美术。

临摹，也是为了欣赏一种美，放大一种美，传播一种美。

自古以来，临摹还是一种常见的绘画形式。

这样，那种忠于原作的临摹，往往在真迹失传之后，为后世留下了原作的神采与真相。

（顾恺之《洛神赋图》摹本和《女史箴图》摹本，张萱《虢国夫人游春图》摹本，周文矩《宫中图卷》摹本，李公麟《莲社图》摹本等）

然而敦煌壁画的临摹，首要目的是作为一种极其重要的、不可替代的研究手段。

所以，敦煌壁画临摹的最高艺术追求是忠实原作。

敦煌的临摹样式和方法分为三种：

一种是原样复制。完全照原样复制下来。忠实地表现壁画的现况。哪怕残破，也保留原样，分毫不差。

（段文杰《莫高窟第257窟乘龙赴会》，常书鸿《莫高窟第217窟化城喻品》，冯仲年《莫高窟第4窟北凉菩萨》，史苇湘《莫高窟第9窟女供养人》，李振甫《莫高窟第61窟五台山图》，李其琼《莫高窟第159窟吐蕃赞普礼佛图》等）

你看，连剥落的痕迹与细微的裂隙都逼真地刻画出来了！

另一种是完整复制。即在原样复制的基础上，将残破短缺和过于模糊的地方添补上，使画面完整。添补的内容必须有依据，添补的画面必须和现在这种古旧的程度统一，所以又称作"旧色完整临摹"。

（段文杰《莫高窟第130窟都督夫人礼佛图》，关友惠《莫高窟第278窟夜半逾城》，欧阳琳《莫高窟第285窟诸天》，董希文《莫高窟第254窟萨埵那太子本生》等）

你看，画面依然是墙壁上那种古色古香的样子，但比起残破不全的现状，却能看到一个完整的景象！

还有一种是复原如初。壁画年代久远，画面往往模糊不清，含铅颜料变色严重，这就使得人们无法看到壁画原先的面貌。复原的前提是要对壁画进行科学研究，物必有证，最终使画面可信地复原到最初的面目。

（段文杰《莫高窟第321窟飞天》等）

你看，这就是初唐时代民间画工刚刚完成时的样子！我们虽然无法在洞窟里看到一千年前新鲜的画面，却能在当今画家临摹的作品中领略到大唐绘画华美绚烂的风姿！

这种临摹又是一种创作。

它需要对壁画内容有深入理解，对形象的历史细节有严格的考证，对人物的精神情感有确切的把握，还要对当时作画的手法与程序无所不知。

比如北魏时期的人物画法，大都是先用土红色起稿，信手勾勒，天真烂漫，一任情感。然后用粗笔复勾轮廓，浑厚刚劲又不失生动。最后再用白粉勾画出鼻隆和双眼，俗称"小字脸"。人物的神采一下子被"点"活了。

（段文杰《莫高窟第254窟伎乐》等）

这种来自域外的绘画技法，被画家把握得准确，又运用得自如。

更重要的是研究。对原作研究得愈透彻，临摹作品就愈接近原作。

敦煌壁画的临摹又具有一种学术性。

（运用红外线观测来研究壁画）

同时，临摹还需要高超的绘画技巧。线描在技巧中是第一位的。

它是中国画的根本。中国画的线不仅表现轮廓，更是表现一种精神的形体与形态。线描最能体现画家的技艺与才气。

（敦煌白画）

这些线描形式的临摹作品，一方面使我们直接欣赏到古人非凡的笔法，体会到不同时代的审美风采；一方面也能看出当今画家非凡的画技和深厚的线描能力。

（欧阳琳、史苇湘等编《敦煌壁画线描集》《莫高窟第285窟伎乐天》《莫高窟第420窟上驮》《莫高窟第331窟舞蹈》《莫高窟第57窟手姿》《莫高窟第220窟菩萨头、佛弟子、各族王子、帝王及侍臣、供养天女》《莫高窟第172窟儿童戏水》《榆林窟第25窟供养菩萨、天王、天龙八部》。李振甫《敦

莫高窟第17窟藏经洞绢画·地藏菩萨画幡（唐）·吉美博物馆藏

煌手姿》等等）

精确又爽利，流畅又老到，清纯又优美，严谨又自如——他们把线描的表现力发挥到一种极致。

（镜头画面：各种勾线的过程）

斑斑驳驳的剥落痕迹，微小蜿蜒的裂缝孔隙，沉暗幽深的变质颜色，以及模糊苍茫的古老画面，全被不差分毫地复制出来，使我们对画家的写实本领真是钦佩不已！

（段文杰《莫高窟第301窟围猎》，关友惠《莫高窟第329窟女供养人》，李振甫《莫高窟第272窟供养菩萨》，霍熙亮《榆林窟第29窟女供养人》等）

中古时代壁画中那种特有的纯朴平和的生活气息与静穆悠闲的人物精神，也一概传神地再现出来了。

（段文杰《莫高窟第360窟毡卢生活》，刘玉权、段文杰《莫高窟第220窟阿弥陀经变》，欧阳琳《莫高窟第71窟思惟菩萨》等）

敦煌的临摹是一门独有的临摹学。

敦煌的艺术和文化通过这种几乎乱真的临摹得到真正的弘扬。

（国内外的敦煌艺术展览。图片和录像）

从将来的角度看，它又记录下今日的现状。

今天的现实就是明天的历史。

榆林窟第4窟释迦多宝佛并坐说法像（元）

这些忠于原作的艺术，既是对昨日历史迷人的传播，又是对今日现状完美的储存。

出于同一神圣目的，敦煌研究正在全面推进。

石窟考古扎扎实实地取得进展。

从20世纪60年代起，便从原形态的北魏第248窟着手，开始对一个个洞窟进行全面系统的调查。以实测、摄影和临摹等手段，全方位收集洞窟信息，做到了如指掌，继而进行内容考证，确定年代，排比分析，整体分期。完成了对石窟的断代划分，是考古研究方面的重大成果。

敦煌学者樊锦诗等人对于理清石窟的历史脉络，划清各个时代的审美界限，阐明风格嬗变中的承启关系，贡献极大。

石窟研究有了牢靠的基础。

（樊锦诗《莫高窟北朝洞窟的分期》《莫高窟隋代石窟的分期》《莫高窟北朝石窟造像的南朝影响》，刘玉权《敦煌莫高窟·安西榆林窟西夏洞窟的分期》《沙州回鹘洞窟的划分》，贺世哲《瓜沙曹氏与敦煌莫高窟》，以及敦煌研究院编著的《敦煌莫高窟内容总目》和《敦煌莫高窟供养人题记》等）

考古研究的另一斐然成就，是对石窟中西北各民族文字的翻译与考释。这一成果也是馈赠给少数民族语言学的一份珍贵礼物。

（敦煌石窟中用西夏文、回鹘文、吐蕃文、蒙古文等古文字书写的游人功德记、发愿文和供养人题记）

敦煌学是一门内涵广博、学科庞杂、综合性极强的学问。考古方面的成果，必然对其他领域的研究起到有力的推动。

近20年来，敦煌学已成为我国方兴未艾的热门学科。人们从这包罗万象、精深博大的研究素材中，可以看到愈来愈广阔的学术空间，以及愈来愈多繁星一般闪烁着诱人光芒的新课题。

如今，敦煌学已经被拓展出十几个领域：

敦煌语言文字。敦煌美术。敦煌文学。敦煌史地。敦煌宗教。敦煌民俗。敦煌民族。敦煌建筑。敦煌乐舞。敦煌科技资料研究。敦煌版本研究。敦煌书法。敦煌中西交通。敦煌学史等。

每个研究领域还包含着许多小领域。比如敦煌美术中，包含着窟式、壁画、塑像、图案等等。

愈分愈细，愈细愈深。

各个领域之间还有交叉性的研究内容。比如石窟与遗书、宗教与文学、民族与美术、民俗与乐舞、中西交流与科技等等。

相互交织成为又大又密的学术网络。

在任何一个研究领域中都可以找到无数新领域，在任何一个研究课题里都可以发现无数新课题。这便是敦煌学的巨大诱惑力之所在。

老一代敦煌学者多数扎根于敦煌；新一代的敦煌学者遍及全国。源源不断的新著问世和新的论文发表，同时也是在为自己挚爱的事业升温。

（敦煌研究院《敦煌研究》，《中国石窟·敦煌莫高窟》（五集），北京大学中国中古史研究中心《敦煌吐鲁番研究论文集》，段文杰《敦煌艺术论文集》，姜伯勤《唐五代敦煌寺户研究》《敦煌艺术宗教与礼乐文明》，宋家钰《唐朝户籍法与均田制度研究》，姜亮夫《敦煌学论稿》，刘伶《敦煌方言志》，张鸿勋《敦煌讲唱文学作品选注》，项楚《敦煌变文选注》，谭蝉雪《敦煌婚姻文化》，王庆菽《敦煌文学论文集》，史苇湘《丝绸之路上的敦煌与莫高窟》《世族与石窟》，李正宇《中国唐宋硬笔书法》，任半塘《敦煌歌辞总编》，牛龙菲《敦煌壁画乐史资料总录与研究》，马世长《敦煌图案》，董锡玫《敦煌舞蹈》，萧默《敦煌建筑》，等等）

丝路明珠

台湾出版的大型丛书《敦煌宝藏》和《敦煌丛刊》，具有重要的应用价值，也标志着那里敦煌学研究的卓有成就。

（黄永武主编的敦煌写本影印本《敦煌宝藏》，凡140册。苏莹辉《敦煌学概要》。饶宗颐《敦煌曲》和《敦煌白画》。朱凤玉《王梵志诗研究》等）

学者们已经初步把一些看似天书的敦煌乐谱解译出来。这消逝了千年的古乐，如今在一片簌坎镗鞳之声中被复活了。

（席臻贯《敦煌古乐》）

舞剧《丝路花雨》，来自敦煌，也来自对敦煌的研究。

敦煌研究的成果有极大的张力。

1987年8月，中国敦煌吐鲁番学会成立，标志着中国敦煌学进入了蓬勃活跃的新境界。这个承担国内和国际间敦煌研究的协调性组织，与敦煌研究院联合组织一次又一次全国性和国际性学术研讨会，促进和强化了中外学者的交流，推动了世界范围内敦煌学的进展。

（画面与字幕：中国敦煌吐鲁番学会组织的四次国际学术会议，分别于1983、1985、1988、1992年。敦煌研究院组织的三次国际学术会议，分别于1987、1990、1994年。字幕：时间与地点）

敦煌学早已是当今世界的一门显学。

自从藏经洞遗书的发现，国际学术界便很快做出反应。

在 1909 年罗振玉等人在北京见到伯希和那些敦煌写本的同时，日本书商田中庆太郎就及时拜见了伯希和。随即撰文在《燕尘》杂志和《朝日新闻》上介绍伯希和这一重大文化发现。

此后，日本学术界派人赴欧，以寻宝方式调查敦煌写本的收藏和研究情况，同时抄录大量文书。日本的敦煌学差不多和中国同时起步，而且和中国人一样，立即认识到敦煌遗书的无比价值。二次世界大战后，日本社会安定下来，敦煌学研究便有了长足发展。进入 20 世纪 80 年代，新一代学子成立了"青年敦煌学者协会"，成绩显著，出版极丰。

（小岛佑马《沙州诸子二十六种》，矢吹庆辉《三阶教研究》和《鸣沙余韵》，仁田井升《唐令拾遗》和《中国身份法史》，西域文化研究会《西域文化研究》(六卷)，藤枝晃《吐蕃统治时期的敦煌》，长广敏雄《最近敦煌石窟之研究》，水野清一《敦煌石窟艺术》，神田喜一郎《敦煌秘籍留真》，福田敏男《试论敦煌石窟的编年》，池田温《中国古代籍帐研究》，小田义久主编的《大谷文书集成》，等等）

弥勒菩萨像·日本清凉寺藏

1980 年日本人开始编纂的十三卷巨著《讲座敦煌》，集日本敦煌学研究成果之大成，具有一方面的里程碑的意义。

法国的敦煌学在欧美一直处在领先的地位。

敦煌遗书早在伯希和手中就进入了研究阶段。可是他的研究成果，除去六卷本的《敦煌石窟图录》，大部分直到他死后才面世。

（伯希和《吉美博物馆和国立图书馆所藏敦煌丝织品》。《伯希和敦煌石窟笔记》等）

伯希和之后，迷恋于敦煌学的法国学者代不乏人。研究对象侧重于宗教和世俗两方面。此外，通过藏文写本对吐蕃时代的研究；通过文书的纸张、字体、书写规范和装帧方式的研究，来确定文书年代，都取得了可贵的成就。

（谢和耐《从敦煌写本中的契约看中国9至10世纪的专卖制度》《有关在敦煌旅行中租骆驼的契约》《菏泽神会大师遗集》，苏远鸣《孔子项托相问书》，梅弘理《〈佛法东流传〉的最古老文本》，戴仁《对标有时间的敦煌汉文写本的纸张和字体的研究》，巴科《吐蕃王室世系牒》，拉露《巴黎国立图书馆所藏伯希和敦煌藏文写本目录》，石泰安《西藏的文明》，哈密顿《五代回鹘史料》和《十世纪于阗突厥语中的不稳定鼻音》等等）

这些都是法国敦煌学尽人皆知的名作。

伯希和的弟子戴密微，在分析吐蕃时代汉僧摩诃衍和印度僧莲华戒之间关于禅的那场大辩论而写的《吐蕃僧诤记》；还有戴密微的弟子谢和耐的《中国5~10世纪的寺院经济》，是法国敦煌学者引以为荣的代表作。

英国人的敦煌研究起步较晚。主要由于斯坦因没有汉文读写能力。只能把他从敦煌弄到的文书交给法国学者沙畹和马伯乐来考释和研究。英国人早期的研究成果主要是对敦煌文书的整理、编目和刊布。

（马伯乐《斯坦因第三次中亚探险所获汉文文书》，翟里斯《不列颠博物馆藏敦煌汉文写本解题目录》，托马斯《中国西域吐蕃文书集》，贝利《于阗语佛教文献》等）

20世纪60年代后，英国人魏礼和、威切特由于发表了一些水准不凡的敦煌学论著，而成了英国敦煌学的头面人物。

（魏礼和《敦煌的歌谣与俗讲》，威切特《敦煌发现唐水部式残卷》，《寺院

与中国中古时代经济》《敦煌唐格残卷札记》等）

俄国人的敦煌学研究看上去比英国人早了半步，20世纪30年代已初露端倪，但真正步入正轨却是在50年代。1957年建立了一个专门的敦煌研究组，设在列宁格勒的东方学研究所，有计划地开展敦煌学研究。很快就整理并出版了两卷本的敦煌文献篇目《亚洲民族研究所敦煌特藏汉文写本注记目录》。内容囊括了俄国所藏绝大部分最有价值的敦煌写卷。

这部巨作的两位主编孟列夫和丘古耶夫斯基是俄国重要的敦煌学者，其研究成果为国际学术界所注目。

（孟列夫《维摩诘变文十吉祥变文》《敦煌所出汉文写本——佛教俗文学》，丘古也夫斯基《敦煌所出借贷文书》《有关敦煌粟特人聚落的新史料》《敦煌寺院社邑》等）

开展敦煌学研究的国家还有韩国、美国、德国、印度、丹麦、挪威、瑞典、加拿大、匈牙利、澳大利亚、新加坡等。

（具有这些国家代表性的风光画面和该国的敦煌学著作镜头）

敦煌学已经风行世界。

然而，它仍然是个年轻的学科。

它有着大量的有待开发的学术处女地。

大宗大宗的研究素材，还没有被睿智的学者的指尖所触及。

它未来的价值还深藏在沉黯古老的写本中。

单是墙壁上一个反弹琵琶的舞姿被再现出来，就成了惊动一时的艺术现象，甚至成为当代舞剧的经典之作，那么洞窟中千姿万态的艺术形象呢？

在我们面对广阔的前景的同时，脚下还存在着一个障碍——

那些流散在十多个国家的敦煌遗书，编号不一；有些深藏库中，尚未整理；全部情况至今不明。甚至有一件文书分成几段，分别藏在不同国家。这种由于历史的粗暴而造成的混乱，给学者们的工作带来极大的困难。

然而，对于文明的人类来说，结束这个有损文明的历史悲剧的时间，不应该再拖延下去了。

文物的物归原主，本是天经地义的事。

（1988年，联合国科教文组织通过了文物物归原主的决定）

在今天进步的世界里，谁也不会再使用华尔纳那个荒唐的借口了。

那好比这样一句话：

宝物放在你家不安全，最好的办法是放在我家里。

莫高窟第220窟药师经变舞乐图

如果人家说：我家已经很安全了。

你该怎么办呢？

文物的物归原主，不只是表示一种财富的主权，更意味着文明本身有一种尊严。

人类创造的一切文明，都有它自身的完整性。它是神圣不可侵犯的。这是文明的尊严，也是人类的一种尊严。

（埃及金字塔和斯芬克斯像。希腊阿波罗神殿。罗马斗兽场。法国埃菲尔铁塔）

在当代世界，那些把文物归还原主的义举，都受到举世称赞；这是人类走向文明的一个个自我完善的高尚的行为。

（展示世界上文物归还原主的具体实例）

敦煌文物的返还与否，同样检验着每一个国家的文明程度以及对待文明的态度，因为敦煌是属于全人类的。

（字幕：1989年，敦煌莫高窟列入联合国教科文组织世界文化遗产）

敦煌呼唤着它流落他乡的文物回归。

（在相关国家博物馆的画面上，出现如下字幕：

敦煌遗书在中国国内仅存15000件。

英国大英图书馆东方写本部13700件

法国巴黎国立图书馆6000件

俄罗斯科学院东方研究所圣彼得堡分所12000件

日本大谷大学38件

龙谷大学7件

德国柏林科学院东方研究所6000件

丹麦皇家图书馆东方部14件

英国印度事务部图书馆2000件

此外，美国、瑞典、奥地利、韩国等地也都有敦煌文物的收藏。

法国吉美博物馆还有藏经洞出土的绢画200幅）

就这一问题采访了几位重要人物——

对季羡林的采访。

对段文杰的采访。

对樊锦诗的采访。

对平山郁夫的采访。

对池田大作的采访。

对一位欧洲敦煌学者的采访。

对联合国教科文组织世界文化遗产委员会的采访。

现在，敦煌似乎可以放心多了。

文明的人类一定会把这种愿望实现。因为谁都明白拒绝这一要求意味着什么。

地处中西交流要道咽喉的敦煌石窟,历时千年,拥有的宝藏无法估量。

当今世界上哪里还有更庞大、更丰厚、更浩瀚的文化遗存?

总括算来,壁画45000平方米,塑像3000余身,藏经洞出土的绝无仅有的中古时代文物50000余件;数量之巨,匪夷所思。而遗书件件都是稀世奇珍,壁画幅幅都是绝世杰作!若把这些壁画按照两米高连接起来,可以延绵25公里!而且在历代不断重修中,有的壁画下面还潜藏着一层、两层,甚至更多。愈在里层的愈古老珍贵。将来的科学技术肯定叫我们看到更加绚丽多彩的奇观;将来的敦煌学者肯定叫我们更深广又切身地受益于敦煌。

然而,任何一个学者都会觉得整个敦煌文明浩大无边,也会感到每一个具体学科的深不见底。它像一个世界那样,充满着未知的空白与无穷的神秘;对于它,我们已知的永远是远远小于未知。那些在敦煌把一头黑发熬成白发的学者们,最终才会发觉自己以毕生努力所占有的无非是汪洋大海中的一个小岛或几块礁石,从而深深地发出人生的浩叹!

还有一种对文化的敬畏!

尽管这个世界上最古老和最辽阔的文化宫殿,其价值无可比拟,然而它所给予我们的启示,却远远超出了它艺术和文化本身。它的创造者是千千万万中国各民

莫高窟第361窟东壁不空羂索变·金刚舞菩萨(中唐)

族的民间画工，贡献给它的精神素材和创作激情的却是万里丝路上所有的国家和人民。

每当我们回首人类最初相互往来的丝路历史，总不免深切地受到感动。你站在这道路的任何一个地方，向两端望去，都是无穷无尽。一道穿越欧亚非三洲的无比深长的路啊！即使在今天，也很难徒步穿越那些深山大川，茫茫大漠，万里荒原，然而，人类却是靠着这样坚韧不拔的步履，从远古一步步走入今天的强大。这条路是脚印压着脚印踏出来的，而每一个脚印都重复着同样的精神。如果人类在将来陷入迷失，或对自己有什么困惑，一定能在这条古老的道路中找到答案，并因此心境豁朗，昂首举步向前。

观世音菩萨像·英国不列颠博物馆藏

历史是未来最忠实的伴侣。

这条曾经跨洲际的最古老的丝路，不会只躺在这荒漠上被人遗忘。它必定还在地球上所有人对未来的期望与信念中。

它永远是人类的骄傲之本、自信的依据与历史的光荣。

这一切又全都折射和永驻在迷人的敦煌石窟中。

如果你静下心来，一定能从莫高窟五彩缤纷的窟壁上听到历史留下的雄浑凝重的回响。它告诉你：

人类长存的真理，便是永远不放弃交流。并在这不中断的交流中，相互理解，相互给予，相互美好地促动。

榆林窟第 25 窟翅头末城（中唐）

羽人与天人。犍陀罗的佛与女性的菩萨。佛本生的故事与经变画。西夏文题记与汉字榜书。各国王子和各族供养人像。丝路上各地各国珍奇而美丽的事物。

能够告诉我们这个真理，并使我们深深感动的地方，才能被称作人类的文化圣地。

它一定是人类的敦煌

它必定是永远的敦煌

博大又辽远的境界。雄浑又深情的音响。

景色变成灿然的金色。

全剧在激情的高潮中结束。

（本集终）

外编

探访榆林窟

一马平川的戈壁滩,苍鹰,沙丘,千年不死的胡杨,骆驼队,奇形异状的雅丹地貌;一辆越野吉普在这河西大地上奔驰。

只有到了敦煌,我们才会发现,敦煌石窟并不是莫高窟的代称,它是一个由大大小小的石窟组成的石窟群。其中还有一句话:没去榆林窟,不算到敦煌。

(东千佛洞、西千佛洞、五个庙石窟、昌马石窟……榆林窟)

榆林窟是非去不可的。它是敦煌石窟一颗璀璨的明珠。

它在安西向南 75 公里的地方。莫高窟在它的西边。中间是一百公里寸草不生的荒漠。如果去往榆林窟,必须经安西南边一条岔路折返而行。

通往榆林窟的必经之地——锁阳城遗址

（奔驰的吉普车）

不要以为它从来都是这样荒凉的。

明代以前的两千年，外来文明都是由西而入。它们绕过号称"死亡之海"的塔克拉玛干沙漠，穿过阳关与玉门关，经由河西走廊，五彩缤纷地进入中土。我们辉煌而先进的中华文明也是经由这一条路线，远播世界，影响和推动着全人类的进步。而敦煌所有的石窟都守在这条中外文明交流的要道上。

（丝绸之路上的景观在车窗上鱼贯而过）

莫高窟地属古沙州，榆林窟地属古瓜州。极地的遥远与历史久远的深邃感，使榆林窟充满诱惑。当我们接近它时，就能异常强烈地感受到。

（唐代边关破城子，锁阳城，城堞废墟与烽燧）

榆林窟在一个河谷里。晶莹透彻的踏实河从中穿过。所有洞窟都是在河谷两岸的峭壁上开凿出来的。它原名为万佛峡。由于这里榆木成林，苍翠宜人，人们便称之为榆林窟。当年，佛教东传时，佛教徒们一定是在漫无际涯的大漠中，发现了这一片有绿荫有甘泉的神奇宝地，才把心中无上崇敬的佛神安放在这里。

（踏实河淙淙的流水，浓密的榆树林，榆林窟外景）

谁也说不清，榆林窟的开凿始于何时。在它所拥有的42个洞窟中，年代最早的一批洞窟，都兴建于一千多年以前的大唐。

（始建于唐代的洞窟。窟号为6、15、16、17、19、20、21、23、24、25、26、28、31、35）

应该说，正是在莫高窟的全盛时代，安西这边一条宛如世外桃源的峡谷里，奇花异卉全都开放了。

从敦煌石窟整体意义上说，榆林窟是它盛年完成的一部巨著和力作。

（展示唐代壁画。第15窟前室南壁天王、前室东壁地藏菩萨、

榆林窟西崖风光

《捣练图》·美国波士顿美术馆藏

前室顶部伎乐天等。第25窟主室壁画。第24窟不空羂索观音变。第36窟法华经变等）

如今保存依然完好的第25窟是其中的经典。

（镜头由洞外入洞窟，通过甬道进入前室，再经甬道渐渐进入主室）

又长又深的甬道是榆林窟的特征之一。

一点点深入进去。前后左右，包括窟顶全是壁画。

我们来到了唐人心中的天国。

主室南壁、北壁、东壁三铺整面墙上各有一幅巨型经变画。

经变画是中国人的独创。它通过宏大的场面，丰富的细节，迷人的故事、优美的形象，以及中国喜闻乐见的形式，将艰深的佛教经典生动又明了地传达给大众，使佛法得到普及与弘扬。

北壁的《弥勒经变》和《观无量寿经变》所描绘的全是佛国极乐世界。可是，由于《弥勒经变》表现的是弥勒成佛的过程，画中必然要对佛国的生活进行着意的令人向往的渲染。

在《弥勒经》里，佛国的生活是：

村邑聚落，鸡犬相及，山喷香气，地涌甜泉。""地平如镜，风不扬尘，香美稻谷，一种七收；田园成熟，花果遍野，树上生衣，随意取用；路不拾遗，夜不闭户，四珠宝柱，照耀通明。

（北壁《弥勒经变》中相应的画面。如《道不拾遗图》《剃度图》《耕获图》等）

这表示庄稼一年可以收获七次。

这表示所有树木都能生长衣服。

佛经里的描述来自想象，画工们的描绘却来自现实。

画工为了使笔下的画面可信，必然拿来自己熟悉的形象。于是佛经中虚空的想象就变得有血有肉，可以触摸了。

唐代大乘佛教的推广，正好利用了当时中国绘画趋于成熟的写实手法。这样一来，佛教枯燥的说教便更亲切、贴近和富于魅力。像唐代的大画家吴道子、周昉等人，也是壁画的高手，他们曾经都为京城著名的庙宇作画。这便很自然地使壁画的手法更写实，内容与情感更接近现实的生活。

（将周昉《簪花仕女图》、张萱《捣练图》、黄筌《写生珍禽图卷》等与莫高窟第45窟南壁西侧求女得女、离瞋恚、南壁东侧现天大将军身、北壁西侧十六观等世俗形象的画面相对照）

再看南壁的《观无量寿经变》。这幅巨型的经变画所展示的是一片佛天净土，一个纯粹的极乐世界。

画中灿然七宝池，漾漾功德水；舞榭歌台，琼楼玉宇，祥云飞天，宝莲照水；金沙布地，琉璃铺阶；阿弥陀佛居中而坐，菩萨诸天分列左右；乐队齐奏法鼓法乐，禽鸟随之亦歌亦舞；清净无限，香气四溢。然而这样的极乐世界只是可望而不可即吗？

饶有趣味的是，这幅巨型的经变画的两边，对称地各画了一幅连续图画。这是盛唐时代流行的"对联式"构图。

连续画面多用来描述佛教故事。

右边这幅《未生怨》所画的正是《观无量寿经变》中频婆娑罗王与王子，前世冤恨相结，后世仇杀相报，最终接受佛陀说法，从而向往极乐净土的故事。

于是，从整体上说，这幅旁侧的说教性质的《未生怨》，便是通往正中那幅极乐世界的一块跳板。

榆林窟第25窟南壁舞乐图（中唐）

善男信女们很自然地从这个古印度佛经上惨烈的故事中，生出对和平与美好佛国的向往。

多么美妙的佛天！多么智慧的说教！多么动人的画面！

如此繁复又精美的景物，如此形态各异的神佛，怎么能这样严谨又和谐地结构成一个整体？一切一切——都像是与画中歌台上演奏的音乐同一个节拍！

看，八位伎乐天，分别吹奏着海螺、笙、琵琶、竖笛、筚篥、横吹、排箫、拍板，乐器的声音不同，旋律的曲调一致；仙鹤、孔雀、鹦鹉、共命鸟和美音鸟随着音乐的节奏，一起扇动翅膀，翩翩起舞！

中间一位舞伎，身硕体健，极富乐感。她一边击鼓，一边飞旋，直跳得飘带上下翻转。这叫我们一下子想到了在长安随处可见的跳着胡旋舞的胡姬。看看，她那尽力张开的双手，她那狂肆扭动的腰肢，还有她那左脚兴奋地翘起的大脚趾。想一想，这个形象在盛唐时期会多么动人！

线条是中国画家最擅长的语言。

它能表现丝绸长衣流水般的光滑，手的柔软与弹性，根根出肉的飞动的毛发，坚实硕大硬邦邦的体魄，还有形形色色的表情与表情后边的种种心情。

（第25窟南壁《观无量寿经变》中站立的大势至菩萨和观音菩萨，北壁《弥勒经变》中弥勒初会、二会和三会中的天王，北壁两端和东端的菩萨以及《文殊变》与《普贤变》）

这幅《观无量寿佛经变》在整个敦煌石窟的经变画中，无论绘画水准还是保存完好的程度，都是第一流的。

它又是盛唐气象的十足体现。博大宽容，雄厚殷实，豪气十足，充满活力。

如果这些威猛的武士呼喊一声，一定如虎长啸。

如果这些美丽的天女走起路来，一定如风吹柳。

这还是一个充满想象的精神自由的时代。

祥云、鲜花、乐器和仙女，全在天上自由飞翔。

（唐代各窟经变画上的天空）

从政治历史背景上说，即使在大唐盛世，河西也一直没有片刻的安宁。尤其是边关极地——沙瓜两州。它们扼守着当时世界上最大的一条东西文明交流通道的咽喉，因而一直是西北各民族争相称霸的政治舞台。

（河西外景。汉长城，烽燧与烟火墩，丝路）

然而，在佛教盛行的时代，不论哪个民族做了瓜州的主人，都会把他们心灵的天国安放在榆林窟中。

（镜头回到榆林窟的外景）

在唐代安史之乱之后，吐蕃乘虚夺取河西。于是，吐蕃人信奉的密教的内容、吐蕃供养人的形象、藏文题记，都进入了榆林窟。画工们在画佛教故事时，顺手把汉藏联姻的生活也画进去了。

（第25窟《弥勒经变》东侧"娶婚图"中的吐蕃人形象，《老人与妇女泣别图》下藏文题记等）

榆林窟进入五代时，沙瓜两州重新落入中原政权的地方官员曹议金的手中。

曹议金很善于安定政局。在那个时代，权力的拥有者常常使用联姻的方式，结成利益同盟。曹议金一边娶来西边的回鹘公主为妻，一边将长女嫁给西边的于阗国王李圣天为皇后，这样就使他丝绸之路赢得了长达130年的畅通无阻。直接受益的必然是沙瓜二州，还有他自己。于是，吐蕃的密教内容自然而然从洞窟中淡出，大乘佛教的精神与中原风格的画风又占据主流。

看一看这一时期的洞窟有多少曹家权贵们的画像，就知道曹家的势力到底有多大。世人都是以供养人的身份进入佛国的一角。客观上却把那个时代人的精神气质、容貌及服装配饰，留在了画面上。

（第16窟甬道南壁曹议金供养像，第19窟甬道南壁曹元忠供养像，甬道北壁凉国夫人供养像）

在曹氏时期，无论是莫高窟还是榆林窟都大兴土木。单是在榆林窟兴建和重修的洞窟就有28个。曹氏的洞窟成了榆林窟的主体。为了适应这样巨大的工程，曹家设立了"都勾当画院"。内有画师、画匠、知书手等。对洞窟的开凿进行大型规划，并分门别类地进行石窟的建造与制作。

有些画师和画工的形象作为供养人画像，出现在壁画上。这说明画师已经很有地位，画院颇具规模，绘画十分专业化了。

榆林窟第25窟内景（中唐）

（第35窟画师供养像等）

许多画师既是莫高窟的画工，又是榆林窟的作者。

它的好处是使洞窟艺术走向细致、工整、精湛；它的负面是变得规范和公式化，缺乏艺术上的自由发挥。特别是在重修洞窟时，大都将原先的壁画抹上白灰，重新画。这样，许多唐代壁画就被盖在下边。至今许多五代和宋代的曹氏壁画下边都有一层极其珍贵的国宝级的唐代壁画，不知怎样才能重见天日！

（一些被五代和宋代重修时覆盖而有迹可循的唐代壁画）

古代建筑的重修都是为了使用。从来没有保护历史文化的意识。

这是古代的"建设性破坏"。值得我们反省。

地处边远的河西政权，从来不是与中原政权同步的。在大宋王朝开国不过70多年，瓜沙两州就被来自西边一个饶强矫健的民族——党项族所征服。公元1038年，党项人建立大夏国。疆域横跨宁夏、甘肃、陕西、青海、内蒙古等地。夏国君主李德明、李元昊都是聪慧过人的国君，他们不仅十分崇信佛教，还懂得利用佛教来笼络人心和维护政权。于是，敦煌石窟便进入了西夏时代。

莫高窟第445窟嫁娶图

（宁夏贺兰拜寺沟西夏遗址、拜寺口双塔、黑水城遗址等）

西夏的洞窟具有鲜明的民族色彩与时代特点。

搜索一下那些站在墙壁上的供养者及其侍从们。只要是硕大身躯、长圆大脸、肌沉肉垂，一准是西夏人。如果没有这些形象，我们从哪里知道西夏人是何模样？

（第3窟甬道北壁供养人，第29窟南壁东侧供养人及僮仆，南壁西侧女供养人）

还有那些飞奔或飞舞在天上的种种动物，它们分明都是生活中的牲畜，此时躯体两侧却长着巨大的翅膀。西夏人更喜欢他们酷爱的骏马在天上翱翔。有了这些形象，我们便能体会到西夏人心中的自由与浪漫。

（第3窟窟顶南披、北披和西披，第10窟窟顶南披与西披）

西夏人最现实的一面，是在榆林窟第3窟《五十一面千手观音变》中。这些为了表现菩萨的法力无边而展现的大千世界——各种劳动场面，各类作坊，五行八作，百工百艺，以及丰富的生产工具，无意中给我们描绘出西夏经济社会的全景。这是舂米。这是酿造。这是锻铁。许多古代的发明创造，都是第一次可视地出现的。

（第3窟东壁南侧《五十一面千手观音变》）

最具有绘画价值的是榆林窟第2窟的两幅《水月观音》和榆林窟第3窟的《普贤变》和《文殊变》。这几幅画是典型的中原特征的绘画杰作。在整个敦煌石窟中都是极为罕见的。

《水月观音》采用工笔重彩的画法。设色以金碧为主。色彩雅丽凝重，形象端庄高古，意境幽远超逸，具有唐代遗风。但在传世的唐代绘画中，已经找不到这样的作品了。可以说，它把消失在中原的绘画风貌一下子迷人地复活了。

《普贤变》和《文殊变》都是经典的水墨巨制。虽然其中也使用了一点石青石绿，只是略略敷染而已。

画中的崇山峻岭，万顷波涛，枯木寒林，楼台殿阁，叫我们立即想起宋代绘画大师燕文贵、马远、郭熙与许道宁。至于二位菩萨的飘带衣袂与漫天的祥云所使用的勾线，爽利劲健，飘逸灵动，绝不在武宗元之下。

（燕文贵《江山楼观图》、马远《水图》、郭熙《溪山行旅图》、许道宁《渔父图》、武宗元《朝元仙仗图》；还要与《普贤变》和《文殊变》在两者极其相似的细节上相互关照）

这位画工是谁？他从哪里学来如此绝伦的画艺？他是来自中原的画师吗？他是谁？无法知道。我们甚至不知道他的姓名。

历史缄口不言，反而对我们更具诱惑。

至少他把当时中原画风和当时绘画

榆林窟第25窟北壁天龙八部（中唐）

最高水准带进了榆林窟。

同时，它又融入了瓜州本土的传说。

看，站在山崖上的一人一猴，身后一匹驮着行囊的白马。他们面对洪水阻隔，困惑地仰首问天，探寻着前往西天之途。他们不是唐僧玄奘和弟子悟空吗？

（第3窟西壁南侧普贤像左后）

他们怎么会出现这里？

原来唐僧玄奘于贞观元年（627年）西行印度时，正是经过瓜州出去的。贞观十九年（645年）玄奘取得

榆林窟第3窟五十一面千手观音变（西夏）

了真经回国，同样经过了这一带；唐太宗还命令河西的官民在敦煌列队欢迎呢！至于他身边的猴子则是源自印度佛教的一种虚构，一个民间传说。可是壁画上的猴子远远出现在明朝吴承恩《西游记》写作之前呀。很清楚了——《西游记》中孙悟空的原型就在这里。瞧吧，连衣着模样，一举一动的姿态早都画好了。

这也表明河西人民对不畏艰苦、万里取经的玄奘无上的崇敬！

西夏时代的洞窟是榆林窟的历史高峰。它重要的意义是填补了西夏美术史的空白，使我们认识到这个民族独有的气质与审美。

在西夏的洞窟里，总是有一种密教的神秘气息笼罩着四壁。

密教形象曼荼罗全都是生头生脸，神奇又陌生。

西夏人特有的以石绿色铺地的"绿地画"，冷峻，空远，奥秘，又极富感染力。

西夏人密教浓烈的劲风一来，大唐以来显教——大乘佛教华贵热烈的气息立时消泯了。

西夏人的王朝延绵了近两个世纪。接着登台亮相的是蒙古人。他们于1227年占领河西，称雄于河西。

（外景。漫天荒沙与征尘，废弃的长城，铁蹄声）

同样虔敬佛教的蒙古人，照例在榆林窟兴建礼佛的洞窟。至正十三年（1353年），榆林窟还经历了一次重修。

公元1246年，忽必烈邀请西藏名僧八思巴任国师。由印度和西藏而来的密宗文化，比吐蕃和西夏更为强烈，犹如一股大潮，涌入万佛峡。

（镜头进入第4窟，第10窟）

元代的榆林窟诸天神佛的形象立即发生了变化。不单内容、构图、题材、图案等都不同以往，连佛的腰肢也回到佛教东传的初始阶段。佛的腰肢也

榆林窟第465窟上乐金刚（元）

榆林窟第3窟普贤变（西夏）

是印度式的"S"形。

（第 4 窟北壁西侧绿度母，北壁东侧《灵鹫山说法图》，南壁东侧白度母，窟顶南披边饰）

榆林窟源远流长。从唐至元经历了 700 多年。

（镜头回到外景）

在漫长的岁月和政权的变迁中，榆林窟留下了每个时代的精神足迹。唐之热烈盛大，宋之典雅宁静，西夏之豪壮清峻，元之奥秘与朦胧。它是中国艺术史天然和独特的画廊。在国家艺术博物馆中看不到的一些历史的空白，在这里却有血有肉、有声有色。

同时，它又是西北各民族文化的荟萃之地。单是不同时代的供养人——汉族、吐蕃族、回鹘族、党项族、蒙古族，站在一起，就是一个各民族的历史合影。

虽然人们形象各异，面对天国时却是心灵相通。

榆林窟第 39 窟甬道南壁供养人

它叫我们看到了古代河西多民族相融的生活真实。

在当时的军事地理上是多民族的争雄，在今天的历史文化中却是多民族的融合。

（各个时代各民族供养人的形象。用特技组成一张"全家福"）

我们要感谢这些创作出绝世之作的民间画工。

他们一代代人，都是在极其艰苦的环境里，一手举着油灯，一手执笔作画。虽然他们没有留下姓名。他们的作品丝毫不逊于绘画史上那些名家大师。

最珍贵的是，这些来自四面八方的画工，又带来不同的地域风格。既有正统的中原的"汉相"，也有异样的西域画风。至于那些出身于本地的画工，笔下却独具一种敦煌的样式。

（中原风格的代表是第3窟《普贤变》与《文殊变》，西域风格的代表是第4窟《灵鹫山说法图》，敦煌样式的代表是第25窟）

除去敦煌石窟，无论在哪里也没有对各民族艺术这样博大的包容。

（此处要出现莫高窟的一些代表作，与榆林窟的经典作品融为一体）

《普贤菩萨像》绢本卷轴（西夏）· 俄罗斯 艾尔米塔什博物馆藏

榆林窟和整个敦煌石窟一样，都是由于中外交流的古道丝绸之路的兴盛而步入辉煌，也由于丝绸之路的萧条而走向沉寂。

元代以后，海上丝路兴起，沙漠丝路衰落，整个中国对外交流的前沿转向东南沿海。

（一边是荒凉的戈壁滩和历史遗迹，一边是郑和下西洋的船队，东南沿海的古城）

昔日车水马龙的中华帝国的国门，成了遥远而沉寂的后院。

风沙弥漫了这块昔日的宝地。

（沙尘暴中的榆林窟）

然而，榆林窟的文化与艺术却是历史留给我们的。

它是不可或缺的敦煌之宝，是戈壁滩上一颗璀璨的艺术明珠，是极其珍贵的全人类的文化遗产，在今天和未来会放射更灿烂和迷人的光彩。

（外景，全景，榆林窟中的精华叠印在一起）

本书摄影插图（除历史照片）
皆为摄影家吴健先生所摄
特此鸣谢